Frères et sœurs

Entre complicité et rivalité

Illustration de couverture : Robin

Élisabeth et Jean-Patrick Darchis

J'en parle avec mon enfant

Frères et sœurs

Entre complicité et rivalité

Nathan

chapitre 1

Le désir d'un nouvel enfant : un choix et des craintes

Si l'arrivée d'un nouvel enfant dans la famille est pour les parents un heureux événement, ce bébé prend parfois pour l'aîné le visage d'un intrus. Les parents s'interrogent, s'inquiètent parfois car la naissance d'une fratrie va mobiliser différemment leur attention pour chacun des enfants. Un nouvel équilibre est à trouver.

Nous avons très envie d'un nouveau bébé, mais notre enfant ne va-t-il pas en souffrir ?

Lorsque les parents se posent la question de mettre au monde un nouvel enfant, ils craignent parfois d'avoir à partager leur amour. Ils imaginent l'aîné délaissé et souffrant : « Notre premier a peur d'être abandonné ; il pourrait ne plus recevoir autant d'affection », « Les aînés vont croire qu'ils ne nous suffisent pas », entend-on souvent. Mais l'amour parental ne se partage pas comme un gâteau ! Un cœur énorme se construit pour chaque enfant et, en aucun cas, les cœurs ne se divisent. C'est seulement le temps que l'on répartit entre les enfants et la place de chacun qui se réorganise. C'est un cadeau à faire aux aînés que de leur apprendre à partager la disponibilité parentale, dans un amour inchangé.

Il est vrai que l'arrivée d'un bébé redistribue les places dans une famille et prend une partie du temps que les parents consacraient à leur premier enfant. Ces changements peuvent en effet bousculer les aînés. Mais, en général, cette expérience aide les enfants à grandir. Si l'aîné était jusqu'à présent un enfant unique, il va apprendre à échanger et à vivre avec un autre. Pour le bébé qui arrive, c'est aussi une chance d'avoir des frères et sœurs qui lui apporteront de grandes richesses. La fratrie rompt la solitude et développe des complicités. Elle offre des compagnons de jeux pour partager. Le frère ou la sœur aide à se connaître « dans la ressemblance du familier et dans la différence de l'inconnu », souligne la psychanalyste Rosa Jaitin. Enfin, la fratrie allège et répartit les attentes que les parents portent sur les enfants. L'expérience de la relation fraternelle est une chance pour tout enfant, pour peu que les parents en soient persuadés.

En revanche, trop de temps consacré à un enfant unique peut lui être néfaste et lui faire confondre amour et disponibilité, surtout si les parents manifestent leur crainte de construire une fratrie à son détriment.

Est-ce bien de demander à son enfant s'il aimerait ou non avoir un frère ou une sœur ?

Il est naturel qu'un enfant veuille garder sa maman pour lui tout seul, sans frère ni sœur. Il peut aussi se dire qu'il serait mieux sans le compagnon de sa mère, avec qui elle rit et dort, ou sans le cadet de la fratrie qui lui prend beaucoup de son temps. Mais repousser la venue d'une fratrie en raison des craintes de l'enfant est très néfaste pour son développement : c'est une décision bien trop lourde pour lui. Par ailleurs, lui donner l'impression d'avoir commandé, voire engendré, l'arrivée d'un frère ou d'une sœur risque de lui conférer le droit de jouer toutes sortes de comédies destinées à exprimer l'angoisse ou le regret d'avoir fait le mauvais choix. « Si j'avais su ! », peut-il se dire. « En y pensant très fort, ce bébé peut-il disparaître comme je l'ai fait apparaître ? » Ce pouvoir de décider à la place des adultes est source d'angoisse et d'agressivité.

Ce sont les parents et eux seuls qui décident dans ce domaine en repositionnant l'aîné dans sa place d'enfant. Ce ne sont pas les envies et les désirs de l'enfant qui déterminent les choix de la famille ; il doit se soumettre à la décision des parents pour se sentir libre de toute responsabilité. Freud expliquait que le plaisir de l'enfant ne connaît pas les barrières morales et éthiques des adultes. L'enfant ne peut pas connaître ses limites et il est bon pour lui de ne pas avoir à choisir sa fratrie.

Je n'arrive pas à imaginer que j'aimerai mon deuxième enfant autant que le premier...

Pendant la grossesse, ou même avant la conception, il est fréquent que les parents aient des doutes sur leur capacité à aimer leur deuxième enfant autant que le premier. Mais ils se rendent vite compte que l'amour est présent à l'arrivée du bébé : « J'ai l'impression d'aimer le grand encore plus qu'avant, ce qui ne m'empêche pas d'aimer aussi très fort le petit. »

Ces craintes proviennent souvent de l'investissement immense qu'un jeune couple place sur son premier enfant. Pour le futur parent, le premier enfant accomplit le désir lointain – remontant à l'enfance – du bébé imaginaire construit tout au long de la vie : « Quand je serai grand(e), je veux être une maman (ou un papa). » Avec son premier enfant, le parent fait le deuil du bébé idéal pour rencontrer le bébé réel. C'est un peu moins vrai pour le second. Le bébé imaginaire est toujours là, mais moins envahissant. Avec ce nouvel enfant, le lien est moins chargé d'images idéales. C'est un amour plus concret, plus réel et moins idéalisé, qui va progressivement se mettre en place. La première fois, le parent a été pris dans un tourbillon d'émotions qui favorisait les coups de foudre. La deuxième fois – et les suivantes –, il est en terrain connu, et l'exaltation est moins forte. Mais aucune inquiétude ! Un amour véritable et authentique va naître aussi pour le nouveau bébé, dès les premiers jours.

Quel est le meilleur moment pour annoncer à mon enfant qu'il va avoir un petit frère ou une petite sœur ?

Il n'y a pas *un* moment précis de la grossesse pour annoncer l'arrivée d'un bébé dans la fratrie. « Ni trop tôt, ni trop tard », pourrait-on dire, mais il est préférable d'attendre la première échographie pour être sûr que le bébé va bien. L'annonce de la naissance va dépendre de plusieurs facteurs : l'âge de l'enfant, les circonstances, l'ambiance, les croyances familiales... Il est important aussi d'éviter d'annoncer cet événement la veille d'un départ en colonie ou le jour de la rentrée des classes, par exemple. Il faut choisir un moment où l'on sera disponible pour répondre à des questions ou apaiser des craintes. On pourra expliquer à l'enfant ce qui va changer dans la famille, le rassurer sur l'amour inconditionnel qu'on lui porte et que l'on portera aussi au bébé à venir : « Tu vas voir comment on s'occupe d'un bébé et comment j'ai fait avec toi, puis tu verras qu'en grandissant il pourra jouer avec toi. »

Il faut tenir compte également de l'envie des parents, qui peuvent vouloir annoncer très vite cet événement à tous ou le garder secret dans l'intimité du couple. L'enfant comprend et accepte cette vie conjugale en dehors de lui. Vouloir que l'aîné partage ce secret avec ses parents est parfois illusoire : « Maman m'a dit un secret : il ne faut pas dire qu'elle est enceinte. » Dans tous les cas, l'enfant n'a pas à être averti avant le père, mais il ne doit pas non plus être le dernier à l'apprendre, après la tante ou la cousine...

Pour les plus jeunes, on peut différer un peu l'annonce, car l'attente va leur sembler très longue ! Il n'est pas rare qu'un enfant devine la grossesse de sa mère avant même qu'elle la lui apprenne. Dans ce cas, il est important de lui dire la vérité. Lui dire qu'il se trompe serait néfaste et perturberait sa relation à la réalité.

L'annonce est parfois difficile pour certains parents qui imaginent jalousie, souffrance ou possibles réactions négatives de la part de leur enfant. Quelques-uns évitent d'en parler de crainte de ne pas mener la grossesse à terme : « Parler trop tôt porte malheur », pensent-ils, comme si la parole pouvait influer sur les événements. On pense protéger le grand en retardant l'annonce, alors que le bébé à venir est en bonne santé. Mais, si elles sont trop fortes, les angoisses des parents seront de toute façon perçues par les aînés. Cacher trop longtemps ou nier n'est pas la solution.

Pouvons-nous faire assister nos aînés à l'échographie ou leur en montrer des images ?

L'examen échographique est un moment particulier pour le couple, et beaucoup de futurs parents souhaitent vivre à deux cette rencontre virtuelle avec le bébé. Pour d'autres, l'événement n'est pas un moment absolument privé. Quelques échographies sont effectuées en présence de proches : les grands-parents, les amis, voire les aînés. Les parents devraient réfléchir sur la manière dont les jeunes enfants peuvent ressentir cette intimité exposée. L'enfant est en direct avec l'intérieur du corps de sa mère, où il pénètre par le regard. L'aîné observe ainsi, la plupart du temps inconsciemment, le résultat du rapport sexuel de ses parents, alors que son jeune âge ne le rend pas toujours prêt à subir ces sensations fortes. La curiosité enfantine pour l'intérieur du corps de la mère se rapporte au fantasme de la scène primitive, décrit par Freud, dans lequel l'enfant désire voir le théâtre de ses origines. Il se demande : « Qu'y a-t-il dans le ventre de maman ? Plein de petits frères et sœurs que j'ai envie de faire disparaître ? » Son désir d'éliminer le bébé va parfois se renforcer devant cette image de fusion, qui l'exclut encore plus. Une confrontation trop précoce à l'échographie peut être, pour certains, un trop gros labeur, un débordement d'excitation difficile à juguler. C'est à chaque parent d'en juger. Préserver l'intimité du corps maternel est aussi une façon de poser des interdits incestueux. Certains médecins d'ailleurs n'autorisent pas la présence de la fratrie lors de cet examen, qui est en premier lieu un acte médical.

La photo de l'échographie va déjà faire naître une émotion forte chez l'enfant. Certains se montreront heureux, mais d'autres ne feront pas cas de cette photo, d'ailleurs assez peu lisible, et il ne faut pas insister pour qu'ils l'investissent. On veillera à accompagner avec des mots ce cliché bien différent d'une photo de famille. On n'y discerne pas nettement le bébé, encore moins ses émotions et sa personnalité. Pour l'aîné, ce n'est pas forcément une rencontre, et cela peut même l'angoisser s'il se sent loin des projections joyeuses de ses parents. Mais cette photo peut aussi l'aider à prendre conscience de la future naissance et être un support pour le préparer à accueillir une fratrie. Le psychiatre Serge Tisseron, spécialiste des images, nous rappelle que l'échographie transforme nos représentations : « L'image de l'échographie introduit dans la famille la représentation de quelqu'un qui est tous les jours avec la mère, à la table familiale, dans le lit parental », donc dans le quotidien de la famille. L'aîné peut ainsi rêver de ce bébé avec des sentiments d'amour ou d'hostilité. Les plus petits doivent bénéficier de l'accompagnement et des mots d'amour parentaux, bien plus importants que la photo de l'échographie.

Mon enfant ne réagit pas positivement à l'annonce et se montre mécontent, déçu, insolent avec moi. Que lui dire ?

En principe, la fratrie réagit fortement à l'annonce d'une naissance, et la plupart des aînés sont heureux, contents, excités. D'autres peuvent exprimer un rejet, du mécontentement ou de la déception. Si le sentiment négatif perdure, c'est que l'enfant n'a pas encore compris que ce n'est pas lui qui choisit l'arrivée du bébé et que ce dernier ne lui enlèvera pas l'amour de ses parents.

Les parents doivent savoir que les réactions ambivalentes sont normales. Un enfant peut, par exemple, embrasser le ventre maternel puis lui donner une petite tape : « Pas de bébé ! » Avec bon sens, le parent doit valoriser le premier geste et interdire fermement le second. Tous ces comportements marquent la mise en route d'un travail psychologique chez l'enfant : celui du réaménagement des places et de l'acceptation du bébé. Pour Régine Schelles, psychologue clinicienne, « l'enfant transforme ses parents, devient le centre de la terre, puis il doit faire une place à un autre ». D'un côté, l'aîné veut rester petit et seul avec ses parents, d'un autre, il veut grandir et avoir une fratrie. Pour les petits de moins de trois ans, la peur de perdre leur maman renforce l'angoisse de l'étranger. Ils ne réagissent pas forcément à l'annonce – qu'ils ne comprennent pas bien –, mais ressentent l'ambiance et développent plutôt des comportements régressifs ou d'opposition. En grandissant, l'enfant devient moins dépendant, mais la crainte de séparation peut se réveiller à l'arrivée d'un cadet. Pour l'enfant de trois ans et au-delà, la peur d'être détrôné peut provoquer des colères ou de l'insolence. Enfin, pour les plus grands, la rivalité peut entrer en jeu quand ils ne sont pas suffisamment autonomes, même s'ils jouent à l'adulte. Les réactions négatives peuvent s'exprimer avec force : bouderie, agressivité, opposition. Elles sont le signe de la réorganisation nécessaire des places de chacun dans la famille.

L'enfant a besoin d'être rassuré par votre amour. Vous pouvez lui dire que la fratrie est une richesse et que l'amour parental ne se divise pas à l'arrivée d'un bébé. Si vous adoptez une attitude apaisante, il va sentir que ses réactions négatives ne changent rien au bonheur de ses parents d'élargir la famille. Cette certitude adoucira son vécu et l'aidera à le gérer progressivement. Si les réactions d'angoisse se prolongent, c'est que l'aîné éprouve un sentiment d'insécurité, que les parents doivent éviter de renforcer par leurs propres angoisses.

D'autres enfants ne manifestent rien en apparence, ni joie ni crainte. Ils se défendent de ce remue-ménage intérieur en mettant à distance l'événement comme si de rien n'était. Il faut être à l'écoute de cette absence de signaux. Est-ce pour rassurer le parent ? L'enfant n'est-il pas assez mûr ? Est-il prêt à accueillir le bébé ? Dans tous les cas, n'ayez pas peur de l'ampleur des réactions ou des démonstrations d'un enfant, surtout si elles sont passagères : elles sont souvent un signe de bonne santé psychique.

Depuis qu'il sait qu'il va avoir une petite sœur, mon enfant est très collant avec moi. Comment réagir ?

Les comportements régressifs sont l'un des versants de l'ambivalence : les aînés font de nouveau pipi au lit, sucent le pouce qu'ils avaient délaissé ou recherchent une proximité avec la mère de façon capricieuse ou exigeante. Ces comportements primaires expriment le désir de rester le bébé de sa maman, mais sont aussi le signe d'une identification au bébé à venir à travers le réveil de comportements infantiles que l'enfant commençait à délaisser en grandissant. Pour accueillir le petit être qui va arriver, c'est bien souvent toute la famille qui régresse un peu : on se chouchoute et on prépare un nid douillet. La mère elle-même est plus sensible et souvent moins patiente ; elle a des exigences plus fortes. Parfois, la femme enceinte fait de petits caprices et manifeste des « envies », surtout celle d'être écoutée et comprise. Ces comportements familiaux préparent la compréhension des besoins du bébé et cette ambiance a un impact sur l'aîné, qui se met à régresser.

La régression de l'aîné signifie également qu'il s'interroge sur son identité et sur sa place différenciée de celle du bébé : « Comment c'est, un bébé ? », « Suis-je toujours un bébé ou suis-je un grand ? », « Est-ce que je vais perdre quelque chose ? » L'enfant cherche à définir sa propre place pour que le futur bébé ne l'occupe pas. Il va comprendre peu à peu qu'il y a de l'espace pour chacun dans le cœur des parents.

En général, tous les changements familiaux qui remettent en jeu les liens, les fonctionnements et les organisations sont source de régression pour les enfants. Pour peu qu'un déménagement ou qu'un autre événement s'ajoute au chamboulement de la naissance, l'aîné a de quoi être remué ! Lorsque cela est possible, mieux vaut, par exemple, déménager en début de grossesse ou quelques mois après la naissance. Pour rassurer l'enfant, on peut raviver quelques rites un peu délaissés : le câlin, la petite histoire ou le verre de lait du soir. De nouveau en sécurité, votre enfant se décollera bien vite de vous. Pendant un moment encore, il fera des allers et retours pour être tour à tour le grand et le petit : c'est le signe qu'il grandit bien.

Est-il souhaitable de faire participer notre enfant au choix du prénom ?

On peut en discuter avec son enfant, mais le choix du prénom revient en définitive aux parents. C'est le couple parental qui attribue un prénom au bébé pendant la grossesse ou à la naissance, car cette nomination est un acte symbolique de reconnaissance et de mise au monde psychique. Ce sont les parents qui prennent la responsabilité de donner la vie à un enfant et qui le font naître sous son identité. Ce n'est pas la fratrie qui engendre le bébé. Le prénom est souvent chargé de représentations inconscientes : il peut parler des rêves ou des espoirs que représente le bébé, de la place qui lui est allouée dans la famille. Le psychanalyste Alberto Eiguer explique : « Le prénom est le premier fait social par lequel on fait sortir l'enfant de l'ordre biologique pour commencer son humanisation en l'identifiant à un autre être humain... Le prénom choisi par les parents traduit les attentes, les désirs et les angoisses inconscients que le nouveau-né réveille. » Le prénom évoque les passions, les souvenirs, le passé de la famille... Prénom d'un ancêtre, d'un être cher disparu, d'une idole... ou sonorité, consonance, ressemblance ou différence avec d'autres mots..., il a son langage inconscient pour faire naître psychiquement le bébé. Cette appellation peut même parfois être le signe d'une confusion des places, comme dans les cas de « bébé de remplacement » après la disparition d'un aîné. Salvador Dalí porte le prénom d'un frère mort et Vincent Van Gogh voyait son propre prénom sur la tombe d'un frère décédé.

Ce choix du prénom doit rester un acte parental et, en aucun cas l'aîné ne peut en décider, afin de lui éviter d'être en quelque sorte le géniteur symbolique du bébé.

Cela ne veut pas dire qu'on ne peut pas en parler ensemble. On échange en famille, on réfléchit, mais, à la fin, on précise : « Nous allons y repenser et, en tant que parents, nous déciderons de ce prénom » ou éventuellement : « Cela tombe bien, car l'aîné aime aussi ce prénom. » Mais on ne devrait jamais entendre : « C'est lui qui a choisi. » Choisir le prénom du bébé avant sa naissance peut faciliter son adoption par la fratrie en l'introduisant progressivement au sein de la famille.

« Quand est-ce que vous me faites un petit frère ou une petite sœur ? »

Face à cette question très courante, on peut répondre : « Quand nous l'aurons décidé. Nous savons que cela te ferait plaisir, mais, pour l'instant, nous ne savons pas encore si nous ferons un autre bébé. Cela viendra peut-être un jour et nous te préviendrons si ce projet se concrétise. » C'est aux adultes seuls de décider de la période propice en fonction de paramètres propres à chaque couple : l'organisation familiale, la disponibilité, le travail, l'écart d'âge entre deux enfants... C'est une responsabilité importante dans une vie que seuls les parents peuvent porter. Il est préférable de ne pas laisser croire à l'enfant que son envie peut déterminer l'arrivée d'un bébé. On peut lui demander s'il préférerait un petit frère ou une petite sœur mais il faut aussi lui expliquer que c'est la nature qui décidera !

chapitre 2

L'arrivée du bébé : bonheurs… et désarrois

La réalité du bébé bouscule l'aîné, qui développe en réaction des comportements positifs : joie, étonnement, curiosité, mais aussi bouderies, jalousie, angoisses… C'est la sécurité psychique des parents qui va apaiser les fortes réactions de l'enfant.

Depuis l'arrivée du bébé, le sommeil de ma fille est agité de nombreux cauchemars. Comment l'apaiser ?

Avec l'arrivée du bébé, les angoisses, déjà présentes chez certains aînés pendant la grossesse, peuvent surgir ou se prolonger devant la réalité du cadet. Un enfant de trois ans s'exprimait ainsi : « Bon, maintenant, le bébé, ça suffit ; il repart et on reste ensemble, sans lui. » La relation à un frère ou à une sœur qui arrive est souvent dérangeante pour le grand, puisqu'elle est le fruit d'un désir parental auquel il doit s'adapter en réaménageant sa place et en apaisant ses inquiétudes. Il est normal qu'il exprime un peu de peur ou de jalousie. Mais parfois sa crainte et son appréhension se renforcent, et les nuits sont peuplées d'angoisses et de paniques. Dans ses insomnies ou ses cauchemars, il peut avoir peur d'être lâché et de tomber dans le vide, d'être attaqué par des monstres ou des personnages effrayants. La colère qui monte en lui se retourne dans des représentations de parents qui crient sur lui ou ne l'aiment plus. Ces images indiquent souvent la difficulté de gérer des pulsions agressives normales ou des angoisses de séparation. Elles viennent du travail laborieux que l'enfant doit effectuer pour tenter de contenir ses angoisses infantiles.

Les envies destructrices de l'aîné envers le bébé se déplacent dans les cauchemars, où tout se retourne contre lui. C'est un renversement d'agressivité : « Je n'attaque plus, mais on m'attaque dans mes cauchemars. » L'enfant n'est pas en sécurité et a besoin d'être rassuré. Mais il ne faut pas accéder à sa demande d'écarter ce qui le fait souffrir : un nouveau bébé n'est pas dangereux. En outre, le bébé n'est pas en insécurité avec lui, car les parents vont l'aider à maîtriser ses pulsions agressives. L'interdit clairement défini : « Tu ne fais pas de mal au bébé, c'est interdit » et la certitude que les parents peuvent aimer les petits et les grands à la fois écarteront très vite les cauchemars. Si l'enfant a encore du mal à apaiser ses angoisses, cela signifie qu'il était temps qu'un nouvel enfant arrive pour qu'il apprenne à maîtriser son univers intérieur encore très lourdement chargé de négatif. Grâce à la confiance des parents, il va réaliser que le bébé n'est pas un rival pour lui. Il n'est pas nécessaire de tenir un discours très long et solennel : il suffit de poser les limites et d'être clair sur les places que chacun occupe dans votre cœur.

Comment aider mon aîné, qui est devenu boudeur et renfermé et refuse tout ce qu'on lui propose depuis que sa sœur est née ?

Par ses comportements de bouderie ou de refus, l'enfant cherche à regagner l'amour de ses parents. Il joue au mal-aimé, au mal compris. Il tente de culpabiliser ses parents et semble leur adresser des reproches : « Et moi et moi ? » Si les parents sont sereins quant à leur amour, l'enfant va reprendre une place d'enfant qui fait confiance à ses parents. En revanche, des parents qui se sentent coupables vont développer des stratégies pour tenter de rétablir l'équilibre dans le mythe de l'égalité idéale. Par exemple, ils chercheront à se faire pardonner en offrant à l'aîné de gros cadeaux qui vont confirmer ses fantasmes : « Oui, ma petite sœur est dangereuse pour moi. La preuve : mes parents se sentent coupables et sont obligés de compenser et de me protéger. » D'autres essaient d'écarter le bébé en présence de l'aîné. Ils ne câlinent pas le nourrisson devant l'enfant en pensant qu'il pourrait être jaloux : « Je ne m'occupe plus du bébé devant lui, ça le rend nerveux et jaloux. » L'intention est bonne, mais l'idée est mauvaise, car elle conforte l'enfant dans ses peurs et dans ses sentiments négatifs. Le fantasme que ses parents pourraient moins l'aimer est accentué par les parents eux-mêmes, qui déploient des stratégies de protection inutiles et lui font croire que son mécontentement est fondé.

Transmettez plutôt de belles images à votre aîné. Quand vous changerez le bébé, dites-lui, par exemple : « Tu vois, avec toi aussi, j'ai fait ça ! » Cela le rassurera sur la disponibilité et sur l'amour que vous lui portiez quand il était encore très dépendant de vous. Il saura que son père et sa mère se sont bien occupés de lui quand il était petit.

Enfin, n'oubliez jamais de faire la part des pensées et des actes : il est légitime que l'aîné éprouve une jalousie passagère à l'égard du bébé et il n'est pas anormal qu'il pense fugacement qu'un petit coup du destin le débarrassant du bébé serait le bienvenu. Il peut même être salutaire qu'il le dise ou l'exprime d'une manière ou d'une autre. Les parents sont là pour limiter, cadrer et soulager l'enfant des mauvaises pensées qui peuvent parfois émerger de son inconscient. En revanche, ils doivent interdire des actes trop agressifs et intervenir pour aider l'enfant à faire la différence entre son imaginaire et la réalité. Une maman enceinte dans une salle d'attente écoutait son aîné exprimer sa peur de l'arrivée du bébé sur un mode très cruel et très direct. Cet enfant de trois ans était visiblement compris par sa mère qui l'accompagnait avec amour dans ses sentiments de jalousie. L'enfant : « Moi, je vais prendre le bébé et le couper en petits morceaux. » La mère : « Ah bon ! et après, que vas-tu faire ? » L'enfant : « Eh bien, je vais mettre les morceaux dans une prison, et toi aussi, je vais te découper et je te mettrai aussi dans la prison. » La mère : « Ah bon ! Mais tu vas être tout seul après ? » Alors l'enfant réfléchit un peu et ajoute : « Maman, c'était pour rire... » La mère : « Mais oui, mon grand, je savais que c'était pour jouer » et l'enfant se penche sur le gros ventre de sa mère en faisant un câlin.

L'âge de l'aîné influe-t-il beaucoup sur la façon dont il va accueillir son cadet ? Existe-t-il un intervalle favorable entre deux enfants ?

Oui, l'âge peut influer sur l'accueil du bébé par la fratrie, mais, bien souvent, c'est la façon dont les parents vont vivre l'intervalle entre les deux enfants qui va faire réagir le grand. Il n'y a pas de règle pour calculer l'intervalle idéal entre deux enfants. Depuis cinquante ans, cet intervalle est de plus en plus grand, et les fratries sont de moins en moins nombreuses.

Aujourd'hui, 50 % des secondes naissances surviennent trois ans après la première, ce qui est un intervalle favorable. En revanche, lorsque le suivant arrive plus tôt, l'aîné a parfois encore besoin de se sentir unique. La fusion qu'il réclame est alors vitale pour lui, surtout s'il n'a pas été suffisamment sécurisé la première année de son autonomisation. Dans ces cas assez rares, l'arrivée d'un autre bébé peut provoquer de l'effroi.

L'arrivée d'un petit n'est pas angoissante pour le plus grand lorsque chacun a sa place particulière et bien définie. Plus l'enfant grandit, moins il a besoin de la fusion avec ses parents et mieux il accepte que le bébé bénéficie de cette illusion de ne faire qu'un avec le parent. Le grand doit savoir que l'amour de ses parents envers lui ne change pas. Simplement, il a la possibilité de faire de plus en plus de choses de façon autonome. Certains découvrent les bénéfices de l'âge : être grand permet de ne plus dormir dans le petit lit ou de manger à table avec les adultes. En principe, et même si cela nécessite quelques ajustements de la part des parents, les aînés accueillent facilement ce petit bébé comme une richesse et un élargissement des expériences de la fratrie. Même si cet accueil est difficile au début, c'est toujours une expérience positive pour l'enfant.

Le bébé me demande beaucoup d'attention et de temps. Mon aîné va-t-il en souffrir ?

Des parents peuvent culpabiliser envers l'aîné, lorsque le maternage du bébé demande du temps : « Je ne suis plus assez disponible pour lui ; je le laisse tomber ; cela va le traumatiser… » Pour peu que le nouveau-né soit fragile ou prématuré, l'angoisse parentale se renforce : « Comment lui annoncer que le bébé est fragile et qu'il a besoin de moi ? Il va être choqué et m'en vouloir ! », disent certains.

Angoissés par cette question de la jalousie, quelques parents s'interdisent un investissement complet pour le nouveau-né : « Je fais croire au grand que c'est lui que j'aime le plus, et devant lui j'évite de parler du petit. » Quelle nouvelle terrifiante pour l'aîné de se savoir comparé et d'apprendre que l'amour est en rivalité ! Le temps consacré à l'enfant n'est pas proportionnel à l'amour qu'on lui porte. Ce n'est pas parce que l'on s'occupe de l'un qu'on le préfère, ce n'est pas parce qu'on laisse l'autre se débrouiller qu'on ne l'aime plus.

En réalité, si on explique au plus grand qu'il est normal de se préoccuper des besoins d'un bébé très dépendant, il en souffrira moins. Ce sont vos angoisses, vos souffrances et votre culpabilité qui feront souffrir les aînés. L'important est que l'enfant se sente aimé. S'il sait parler, il lui est possible d'exprimer ce qu'il ressent. Il n'est pas content du bébé ? N'hésitez pas à lui dire que ce n'est pas la faute du petit s'il est né. C'est vous, les parents, qui avez eu envie d'un nouvel enfant, comme vous avez eu envie de l'avoir, lui, et il est normal de s'occuper d'un tout-petit qui ne sait rien faire tout seul. Cela le sécurise et l'aide à comprendre qu'il commence à bien se débrouiller seul. Il en ressentira une grande confiance en lui et sera fier de pouvoir faire le grand. Lorsque l'aîné est en sécurité, il peut même faire preuve d'une grande sensibilité et de beaucoup d'attention envers le bébé, et son comportement se socialise.

Enfin, tout ce que vous donnerez au petit frère ou à la petite sœur participera à construire de belles images pour l'aîné. Cela sera une preuve de vos capacités maternelles ou paternelles à s'occuper de vos bébés. C'est ainsi que l'aîné ne doutera plus de vos compétences parentales. Il pourra enfin imaginer combien vous avez su l'aimer quand il était bébé et sera d'autant plus en sécurité dans les relations à venir. Il comprendra qu'il n'est pas en danger lorsque vous aimez un autre enfant ou un conjoint et qu'il a sa place entière dans votre cœur.

« Comment le bébé est-il entré dans ton ventre ? »

En général, l'arrivée d'un bébé conduit à s'interroger sur l'origine de la vie : « D'où viennent les enfants ? Comment fait-on les bébés ? » Plusieurs explications sur la fécondation pourront être données en fonction de l'âge de l'aîné et de la culture de la famille. Chaque famille trouve son vocabulaire adéquat suivant les âges : « Ton papa et ta maman se sont aimés très fort et cela fait un bébé » ou « La petite graine de papa se développe dans le ventre de maman » ou encore, pour les plus grands, une explication plus scientifique. La plupart des parents pressentent l'importance de conserver un peu du mystère de la vie en ne transmettant que des images poétiques, merveilleuses mais peu précises. On constate que les fantasmes des enfants sont parfois très loin de la réalité. Leur incompréhension profonde les pousse à construire des théories sur la sexualité : « Le bébé est-il entré par la bouche comme dans les contes lorsque la princesse embrasse le prince ? » C'est l'âge et l'arrivée des pulsions sexuelles de l'adolescence qui fourniront des réponses plus adéquates. Le jeune se forgera de nouvelles représentations en lien avec les nouvelles sensations de son corps. Tous les efforts de compréhension concernant la conception d'un enfant arrivent à leur aboutissement à l'adolescence.

« Et comment il est sorti, ce bébé ? »

Face à cette question, chaque famille trouvera ses propres mots : « Quand le bébé sera prêt, il sortira par le bas du ventre. » À l'enfant plus grand on pourra donner des explications plus précises. De toute façon, l'enfant reformulera vos dires à sa façon. Laissez son imagination compléter vos informations : « Et toi, dis-moi comment tu imagines qu'il va sortir, le bébé. » En effet, les représentations qu'ont les enfants de la naissance s'appuient sur ce que Freud appelle les « théories infantiles de la naissance ». Les plus jeunes imaginent des théories orales ou anales. Ainsi, les contes ne se privent pas de faire sortir par la bouche toutes sortes de choses symbolisant un bébé : on crache des grenouilles ou des pierres précieuses... De même, les images de retour dans le giron maternel, « Je vais te manger », excitent les petits, qui s'imaginent retourner avec délice ou avec crainte d'où ils pensent venir. Ainsi, il faut ouvrir le ventre pour faire sortir le Petit Chaperon rouge ou le bébé. Dans ces théories infantiles, les bébés peuvent aussi sortir par l'orifice intestinal, voire par le nombril. Enfin, la naissance peut être imaginée comme la conséquence de comportements parentaux inaccessibles : une affaire de grands ! Si vous lisez à votre enfant des contes, il sera déjà bien nourri pour rêver l'arrivée d'un bébé et trouver par lui-même des explications en fonction de son âge. Il est longtemps difficile pour l'enfant d'imaginer les rapports sexuels de ses parents et la sortie du bébé par les voies génitales. Ce questionnement resurgira à la préadolescence sous l'influence de la poussée pubertaire et trouvera de véritables réponses avec la connaissance des organes génitaux.

chapitre 3

La relation fraternelle : un amour passion ?

Les liens fraternels peuvent s'exprimer sur des modes passionnels : jalousies, rivalités, bagarres... Mais ce sont en général de belles expériences qui apprennent la confrontation, la relation à ses pairs, l'apprentissage de la différence... Si les relations deviennent ingérables, les parents doivent fixer des limites et rassurer chaque enfant sur l'amour qu'ils lui portent.

La jalousie est-elle un sentiment inévitable au sein d'une fratrie ?

L'expression d'une jalousie ou d'un sentiment de rivalité est une réaction assez fréquente et normale dans la fratrie. On connaît ces comportements au quotidien dans de nombreuses familles et ils sont relatés dans la littérature, les mythes, la religion, les contes et les légendes. L'histoire de Caïn et Abel, frères ennemis, est très parlante. Un jour, Dieu leur demande de lui faire une offrande. Abel, le berger, donne les premiers-nés de son troupeau et Caïn, le cultivateur, offre les produits de sa terre. Ce jour-là, l'offrande d'Abel est acceptée et pas celle de Caïn. Il en résulte chez lui une jalousie meurtrière. Pourquoi cette réaction si violente ? Abel possède ce jour-là quelque chose que Caïn n'a pas et, dans une insupportable frustration, il craint d'être dépossédé de l'amour de Dieu, le Père. Ces envies et ces rivalités se retrouvent dans d'autres récits qui nous montrent que la jalousie dans la fratrie est surtout présente quand on se dispute l'amour du parent. Dans *Pierre et Jean*, un conte de Maupassant, un héritage obtenu par le cadet exacerbe la rivalité entre deux frères. Dans ce conte, c'est l'histoire des parents qui alimente cette jalousie dans une atmosphère de non-dits et de secrets. La mère préfère son plus jeune fils issu d'un adultère, et l'aîné, le fils légitime, exclu du cercle familial, se sent mal aimé et se montre très jaloux du cadet. À l'opposé, dans des contes de fées comme *Hansel et Gretel*, par exemple, les enfants s'aiment d'un amour inconditionnel. Dans ces unités idéalisées, il n'y a ni jalousie, ni envie, ni disputes pour avoir les parents pour soi, précisément parce que les parents sont absents. Mais ces récits nous montrent aussi que ces enfants sans protection sont souvent en danger.

Le sentiment de jalousie est donc normal s'il est passager et gérable chez les enfants, surtout avant six ou sept ans. Il sous-entend la recherche de l'amour et de la protection des parents. La jalousie, lorsqu'elle est transitoire et peu intense, est une belle expérience qui permet la confrontation et la construction des altérités. Elle s'apaise grâce à la sécurisation des parents. Ce n'est pas parce que l'enfant parle de sa jalousie, de ses envies destructrices à l'égard de tel ou tel qu'il faut tout de suite paniquer ! Penser et parler n'est pas agir : l'enfant qui s'exprime attend une réponse à ses angoisses. Il vous en fait le dépositaire. À chacun de réagir avec bienveillance et fermeté. On constate que la compréhension ou le rappel des interdits suffit bien souvent à ramener la paix intérieure et extérieure.

Mon fils se montre très brutal envers sa petite sœur dans le berceau. Que lui dire ?

Ce sont généralement les aînés encore un peu jeunes qui manifestent des comportements violents envers le bébé. En brutalisant ce petit être qui le dérange, l'enfant cherche à se décharger de ses angoisses et de ses peurs. Par là même, il attaque ses parents, qui ne le bercent plus dans son illusion d'enfant roi. En brutalisant sa petite sœur, il peut aussi tester les interdits parentaux et chercher à connaître les limites à ne pas dépasser. Dans ces moments-là, les parents doivent faire preuve d'une autorité sans faille, pleine d'amour et rassurante. Donner des limites à l'enfant, c'est le tranquilliser : il ne se sentira plus dangereux pour l'autre ou pour lui-même. C'est une belle preuve d'amour que de soulager son enfant de sa violence en l'interdisant calmement, fortement et efficacement. Il pleurera peut-être sur le moment, mais ses pleurs ne seront pas signe de détresse. C'est un chagrin qui exprimera le renoncement à la toute-puissance destructrice. L'enfant sera même fier désormais de maîtriser ses pulsions grâce aux interdits intériorisés. Il va reprendre à son compte la capacité à se limiter. Ce n'est plus le parent qui le guide, c'est lui-même : « Maintenant je suis assez grand pour faire attention moi-même. »

Vers trois ans, un enfant doit commencer à comprendre un interdit et à obéir. Il doit savoir que ce sont les parents qui commandent. Pour leur faire plaisir, il va progressivement obéir et ainsi se rassurer : « Moi, je suis gentil. » Attention, ne lui dites pas toute la journée qu'il est affreux, car il va s'en persuader et renforcer sa brutalité. Grondez-le pour l'éduquer lorsque cela est nécessaire, mais ne l'enfermez pas dans une étiquette de vilain qu'il ne pourra plus quitter. Quand l'enfant devient obéissant par amour pour ses parents, c'est que ceux-ci ont su le cadrer sans violence.

Certains parents, qui ont peur de dire non, laissent leur enfant se débattre dans un univers de brutalité. Or il est très néfaste pour l'enfant de ne pas apprendre à se soumettre à la loi parentale, car il sera longtemps débordé par sa violence. À l'adolescence, le retour de la brutalité sera très difficile à gérer si ce problème n'a pas été réglé dans la petite enfance. Malgré la difficulté, parfois réelle, d'exercer une autorité positive, il ne faut pas baisser les bras. On doit pouvoir interdire efficacement pour protéger un enfant et une fratrie. Laisser son aîné brutaliser le bébé, c'est aussi le mettre en danger par rapport à ses pulsions infantiles destructrices. Lui interdire d'être brutal permet l'apprentissage de la sociabilité.

L'aîné fait le bébé depuis la naissance de son cadet. Comment l'inciter à agir selon son âge ?

À la naissance d'un cadet, les moments de régression sont normaux et souvent positifs. Mais il faut que l'enfant trouve des limites et il a souvent besoin qu'on les lui impose. On peut dire « oui » aux moments régressifs lors des câlins ou de l'histoire au lit, mais on dit « non » pour d'autres demandes : « Non, tu ne tètes plus le sein ou le biberon... Non, je ne te porte plus dans les bras pour faire le chemin de l'école... » Cette fermeté va l'aider à grandir et à se sécuriser, même si un petit chagrin passager est inévitable.

Ces envies de faire le bébé sont intéressantes si elles sont transitoires. Elles sont souvent ambivalentes. En fait, l'aîné veut être le petit et le grand à la fois ou en alternance, cela fait partie de l'évolution. Comme un sauteur d'obstacles a besoin de reculer pour mieux s'élancer, l'enfant a besoin de régresser pour mieux grandir. À la préadolescence, on retrouvera ce même mouvement : l'enfant a peur de grandir et de quitter le cocon familial, mais il a aussi très envie d'acquérir son indépendance.

En revanche, se complaire dans une régression systématique montre une trop grande nostalgie de la toute petite enfance et la peur d'aller de l'avant. Dans ces cas, rassurez encore plus votre aîné et faites-le bénéficier des avantages des grands. Si l'un des parents doit s'occuper du petit, l'autre peut proposer un jeu à l'aîné ou lui faire découvrir de nouvelles choses, un film, une sortie, ou une activité en fonction de son âge. Ces moments d'activités partagées seront des instants de complicité très bénéfique pour le parent comme pour l'enfant. L'aîné aura moins de mal à quitter la place de petit et supportera mieux que l'autre parent s'occupe plus du bébé dépendant.

La complicité et/ou la rivalité sont-elles accentuées chez des enfants de même sexe ?

Dans la fratrie, des enfants de même sexe semblent développer plus fortement des affects de l'ordre de la complicité et de la connivence ou de l'ordre de la rivalité et de la jalousie. L'arrivée d'un « même que soi » a des incidences sur les relations fraternelles. Lorsque l'aîné est encore petit, un véritable sentiment d'intrusion peut se manifester dans sa relation encore étroite avec sa mère ou avec son père si l'identité sexuelle du nouveau venu est la même que la sienne. Il ressent ce cadet comme un reflet de lui-même et comme un double qui peut usurper sa place dans le cœur des parents. Cet intrus qui dérange est angoissant si le discours des parents renforce ce sentiment : « On a déjà une fille, on aurait préféré un garçon ! » ou « Deux garçons, ce n'est pas facile ! » L'aîné peut vivre ce nouvel enfant comme un voleur d'amour. Dans le complexe œdipien, la grande fille peut ressentir la petite sœur comme une future rivale auprès du papa qu'elle cherche encore à séduire, et le frère se sent jaloux de ce petit que la mère pourrait lui préférer. Bien souvent, la rivalité est à son comble lorsque l'écart d'âge est faible (de un à deux ans).

D'un autre côté, et surtout en grandissant, la fratrie du même sexe peut développer de grandes complicités : des tendresses fraternelles et des solidarités importantes. Dans la compréhension ou le partage d'intérêts identiques, les liens fraternels peuvent devenir fusionnels chez ces enfants de même sexe, comme dans la gémellité.

Ces mouvements d'entente harmonieuse ou de jalousie envieuse soulignent aussi l'intensité du lien qui soude fortement la fratrie. Si le troisième enfant est de sexe opposé, il pourra se sentir exclu de cette dyade fraternelle. Il pourra se montrer protecteur ou profiter du sentiment d'être un peu un enfant unique pour ses parents, face aux deux autres du même sexe.

Lorsque la famille et les parents ont établi un mode de fonctionnement où chacun a sa place, lorsque les qualités et les compétences des uns et des autres sont reconnues dans leurs différences et peuvent se développer sans que l'un soit comparé et toujours rabaissé ou l'autre valorisé et toujours encensé, les enfants de même sexe dans la fratrie développent des liens forts sans trop de rivalités.

Ma fille aînée dirige tous les jeux auxquels se soumet sa petite sœur. Doit-on intervenir ?

Tout comme on ne choisit pas ses parents, on ne choisit pas sa place au sein d'une famille. La fratrie donne un rang, et chacun doit s'y retrouver en rapport avec les autres. En grandissant, l'aîné peut facilement s'identifier au parent dans la hiérarchie familiale : les plus grands sont ainsi souvent des dominants et les cadets se soumettent. Pour échapper à son envie de refaire le petit, l'aîné peut jouer à prendre un rôle parental. Il exerce une autorité, se fait obéir et a de fortes exigences. Tant que cela reste un jeu passager, c'est une expérience relationnelle qui peut enrichir chacun, donner des repères et même établir des hiérarchies qui parfois s'exercent sur un mode ludique. Lorsque les rôles et les places peuvent s'inverser dans ces jeux, on est en présence d'identifications souples. Par exemple, d'un seul coup, l'aîné, qui dominait, se prête à faire le cheval chevauché par le petit qui lui monte sur le dos, ou bien le petit pose le pied en vainqueur sur le grand frère, qui fait mine d'être vaincu, allongé par terre. L'aîné s'en amuse en regardant la fierté de son petit frère.

Si l'aîné dirige beaucoup, qu'il montre sa force et sa supériorité, le cadet voudra le copier ou aura envie de grandir rapidement pour occuper cette place convoitée. Dans le jeu du roi et de son serviteur, chacun peut s'identifier à tour de rôle au grand ou au petit. Le petit adorera aussi faire la maîtresse qui donne des ordres ou le lion qui effraie la famille. Prendre ces différentes places dans la fratrie permet des identifications souples en apprenant les places hiérarchiques de chacun. Occuper celle de l'autre dans un comportement qui n'est pas complètement la réalité, sans cependant la méconnaître, apporte un savoir sur les relations à venir. Le jeu est un état intermédiaire : ce n'est pas la réalité, mais ce n'est pas non plus du rêve et du fantasme, c'est les deux à la fois, comme l'explique le psychanalyste D. Winnicott. Le jeu permettra plus tard de faire face à la réalité et de résoudre des situations difficiles.

En revanche, tout diriger ou se comporter seulement en dominant n'est pas bon. Dans ce cas, si « ce n'est plus du jeu », il faut se préoccuper de ces comportements. Si la tyrannie s'installe, si le grand prend un rôle parental excessif ou exerce une certaine cruauté sur le petit, les parents doivent rapidement interdire ces conduites répétitives. Ils doivent s'interroger : favorisent-ils la domination chez l'aîné qui met en place la hiérarchie manquante ?

Ne favorisent-ils pas suffisamment le jeu de façon insouciante ? Montrent-ils une violence envers les enfants que l'aîné reproduit ? Si ces comportements persistent trop fortement, les parents peuvent se faire aider.

Le cadet peut-il être jaloux de l'aîné ? Comment réagir ?

La jalousie du petit est souvent le signe d'une quête : avoir le parent en entier pour soi tout seul. L'enfant ne comprend pas toujours que l'amour parental ne se divise pas comme un gâteau. Depuis qu'il est tout petit, il vit dans l'illusion qu'il est le centre du monde : tout lui appartient et tout lui est dû. Il cherche l'amour de ses parents, qu'il confond avec leur présence dont il a encore terriblement besoin. Il voudrait parfois éliminer ce grand pour pouvoir satisfaire ses désirs et pour accaparer tout ce que l'autre possède.

C'est l'occasion de lui apprendre à différer sa demande ou à trouver des limites à ses envies et à son désir. Il ne s'agit pas de détourner la conversation ou l'intérêt de l'enfant, mais de profiter de ce moment pour l'éduquer et lui donner une petite leçon de renoncement. Il réclame les bénéfices du grand et voudrait les expérimenter ? Heureusement, il se trouve confronté à des refus adaptés à son âge et destinés à le protéger. Il n'a pas encore la notion de temps, de la différence des maturités, des distinctions des besoins ou des capacités suivant l'âge :

« Je veux pareil ! » Pour lui, son aîné est au même niveau. Mais les interventions des parents faites avec amour vont lui apprendre à entrer dans son âge et dans sa singularité. Progressivement, le cadet s'aperçoit que le temps est partagé, que les parents ont une vie conjugale et personnelle, qu'ils s'occupent des autres membres de la fratrie. Il doit pouvoir doucement renoncer à sa demande totalitaire ou à son illusion d'être le centre de l'univers de la famille. Il trouve ses limites, accepte des frustrations et marque son propre territoire pour grandir et se singulariser : « C'est à toi ou à moi ? »

Quand, au sein de la famille, chacun a la certitude d'être aimé pour lui-même, sans rivalité dans l'amour, quand chacun découvre du plaisir dans ses limites, le cadet trouvera suffisamment de sécurité chez ses parents et dans la fratrie pour ne pas développer des angoisses d'abandon ou de perte, et sa jalousie s'estompera.

Ma fille de six ans rapporte toujours les bêtises que fait son frère de deux ans et se comporte en donneuse de leçons. Comment l'en dissuader ?

Dans la fratrie, chacun aimerait recevoir l'amour parental de façon exclusive. Pour arriver à leurs fins, les enfants utilisent diverses stratégies, comme celle de dénigrer l'autre en soulignant ses écarts de conduite et ses désobéissances. L'enfant a l'illusion que le parent aimera plus l'enfant sage et aimera moins celui qui fait des bêtises. Il peut croire qu'on obtient plus facilement l'amour, la reconnaissance et l'approbation en se montrant parfait. Dans ce fantasme, plus on dénonce son frère ou sa sœur, plus celui-ci sera critiqué par les parents !

Dans ces cas, les parents n'ont pas suffisamment transmis la sécurité de l'amour qui ne se perd ou ne se gagne pas en fonction du comportement. Il faudrait tranquilliser ces enfants en quête d'affection lorsqu'ils imaginent que l'on perd l'amour parental : « Ton frère a fait des bêtises mais ce n'est pas pour cela que je l'aime moins. Je l'aime autant que toi. » Cette simple phrase pourrait désamorcer une telle attitude.

A contrario, certains parents renforcent ces comportements dans la fratrie en demandant aux enfants d'être parfaits ou en ayant recours au chantage : « Tu as fait une bêtise, tu es vilain, j'en ai assez de toi. » L'enfant prend ces menaces au pied de la lettre et croit qu'il ne sera plus aimé. La fratrie qui entend cela a peur à son tour de perdre l'estime parentale, et les enfants s'entretiennent dans une surveillance mutuelle. Les parents doivent s'interdire ce genre d'attitudes et garder leur rôle d'éducation, de protection et de surveillance. On peut être mécontent, dérangé, même énervé par une bêtise commise par un enfant, mais jamais on ne dit à son enfant que, s'il fait des bêtises, on ne l'aimera plus. Et ce n'est jamais aux frères et sœurs de surveiller, de réprimander et d'assurer l'éducation du petit.

Il est important de ne pas stigmatiser un enfant en dénonçant systématiquement son comportement négatif, car il risque de développer à terme un sentiment d'insécurité et de se prendre pour le vilain petit canard. Continuellement dénoncé par l'autre comme fauteur de troubles, il va s'y habituer et se persuader qu'il est méchant, maladroit ou provocateur et forger ainsi sa personnalité au sein de la famille. On peut penser que c'est la fratrie qui ancre ces traits de comportement, mais, bien souvent, ce sont aussi les parents qui accentuent ces attitudes qui auraient pu n'être que passagères.

Faut-il tenir compte des besoins différents de nos enfants, selon leur âge ? Est-il souhaitable de faire des différences ?

Dans une fratrie, chaque enfant est à un stade différent de son évolution, et il est important que les parents respectent cette évolution en agissant en fonction des besoins de chacun. Dans son célèbre livre *Psychanalyse des contes de fées*, Bruno Bettelheim cite l'histoire des trois petits cochons pour illustrer les différentes capacités de l'enfant selon son âge. Les trois maisons figurent les étapes du développement de l'enfant et son évolution psychique. Le loup représente le danger et les angoisses des enfants en fonction de leurs besoins et de leur maturité.

Le premier petit cochon construit très vite une hutte en paille, fragile et précaire, car il ne pense qu'à aller jouer. Préoccupé essentiellement par son plaisir, plutôt que par les réalités, il n'a pas pensé à l'avenir. Sa maison en paille que le loup va détruire est à l'image des faibles ressources de son âge. Elle représente l'enfant dépendant qui ne peut pas encore subvenir seul à ses besoins et qui fonctionne avec des envies qu'il veut satisfaire très vite. Les parents doivent s'ajuster aux besoins de cet âge, notamment en protégeant l'enfant et en étant suffisamment présents.

Le deuxième petit cochon, qui construit une cabane en bois, semble avoir entraperçu la nécessité de prendre en compte certains éléments de la réalité. Il est davantage capable de réflexion et d'une certaine autonomie. Son surmoi l'avertit déjà de ses limites, et il acquiert une première maturité qui lui donne conscience de l'insécurité de son âge. Mais il ne prend pas assez en compte toutes les insuffisances de ses capacités. Sa maison est construite trop vite, et ses efforts ne sont pas suffisants. Il a encore besoin de temps pour jouer et n'a pas assez de solidité intérieure pour se prendre en main seul. Il doit bénéficier d'une relative présence de ses parents, qu'il peut d'ailleurs revendiquer encore dans la rivalité fraternelle. Il a encore besoin d'évoluer pour affronter la vie.

Le troisième petit cochon construit une maison en brique. C'est un aîné raisonnable qui remet à plus tard le plaisir de jouer, et fait, par exemple, tout seul ses devoirs avant de s'amuser. Il se projette dans l'avenir et s'organise. Il se sent aimé dans la fratrie et peut se débrouiller plus facilement tout seul. Il a trouvé ses limites et mettra en échec les forces les plus violentes représentées par le loup.

Ses « pulsions destructrices internes » sont canalisées et socialisées. Il est capable de s'épanouir sans développer de jalousie ou de rivalité, car il est maintenant en sécurité dans sa singularité. Ses vécus primaires ont subi des transformations positives qui lui donnent de bonnes ressources. Rassuré par l'amour de ses parents qui peuvent s'occuper des petits sans qu'il en soit dépossédé, il est à présent capable de s'occuper de lui-même. Il a une « autoparentalité pour soi ». Grand et responsable, il trouvera une récompense durable à ses efforts à l'image du petit cochon qui se régala du loup tombé dans la marmite.

Identifier les besoins de chaque enfant et en tenir compte est source de grands bénéfices. Au fur et à mesure des années, chacun pourra ainsi franchir les marches essentielles vers son indépendance.

« Il passe toujours en premier, c'est pas juste ! »

L'enfant qui se croit injustement écarté ressent peut-être une grande insécurité. Il ne sait pas assez que vous l'aimez. Il faut le rassurer davantage en lui montrant les différences de chacun : « Chacun à son tour ; pour l'instant, ton frère a besoin de moi. » Quand l'enfant ressent un sentiment d'injustice, c'est qu'il ne se souvient plus de votre amour, de vos moments de tendresse partagés, de votre disponibilité, de vos attentions, de vos réponses à ses curiosités, de votre implication pour lui apprendre le monde… Il est bon de lui rappeler que, la veille, c'est lui qui a bénéficié de votre attention et que, dans une famille, c'est à tour de rôle. S'il insiste et continue de se plaindre, s'il revendique fortement votre présence exclusive ou l'objet convoité, la loi parentale est là aussi pour lui rappeler que ce n'est pas lui qui connaît les besoins de chacun. Si les parents ne se sentent pas coupables et angoissés, s'ils sont justes et si chaque enfant peut en profiter à son tour, l'enfant se soumettra à ce partage qui lui apprendra beaucoup. C'est la sécurité du parent qui l'apaisera.

« Mais pourquoi je ne peux plus prendre mon bain avec ma sœur ? »

Les parents doivent pouvoir faire respecter l'espace et l'intimité de chacun. En bas âge, les enfants sont mis dans le même bain, car leur différenciation et leur intimité ne sont pas encore un questionnement à l'ordre du jour. Mais, en grandissant, la différenciation des places, des caractères, de la personnalité se met en place, et chacun a besoin d'un territoire et d'une intimité personnels. Le respect de la pudeur est d'autant plus important que les sexes sont différents. La curiosité pour l'autre sexe est forte entre trois et six ans. C'est une recherche que l'on observe aussi dans les jeux sexuels infantiles : on veut voir la nudité de l'autre et on soulève les jupes des filles ou on joue au docteur... Cet intérêt se retrouve aussi dans les petites bagarres au corps-à-corps où l'on chatouille l'autre, le tape, le griffe, l'enlace... pour sentir ses réactions : « Oh ! elle pleure comme une fille ! » La découverte de la différence sexuelle est un apprentissage qui doit être accompagné de limites posées par les parents. Voir sa petite sœur dans le bain peut être une curiosité passagère, mais, si l'enfant insiste, les parents doivent intervenir. L'enfant ainsi préoccupé a peut-être besoin de se rassurer sur son identité sexuelle. La différence de l'autre et son territoire ne sont-ils pas assez marqués par les parents ? Les parents, eux-mêmes différenciés des enfants dans les générations et les places conjugales, donneront à l'enfant une sécurité identitaire. Il en va de même pour l'intimité psychique de chaque enfant. Il nous faut prendre garde à respecter chaque enfant avec ses jardins secrets, ses fantaisies personnelles et ses territoires privés.

chapitre 4

Se construire dans le lien fraternel

On devine tous les bienfaits du lien fraternel. Les parents l'observent mais se demandent comment le favoriser.
Si la sécurité familiale donne une place bien différenciée à chacun, dans un amour pour tous, la fratrie encadrée en sentira les bénéfices.

Mes enfants se disputent beaucoup. Comment intervenir ? Est-ce une bonne chose de le faire ?

La fratrie est un lieu pour se construire et découvrir un autre que soi : jeux, conflits, bagarres, oppositions sont des expériences et des apprentissages qui renforcent le caractère et aident la socialisation... On essaie sa personnalité, et les confrontations houleuses peuvent être fréquentes : on se compare, on se rejette, on se rapproche, on se repousse, on se pardonne... On se dispute pour avoir les genoux du parent, les câlins ou l'histoire du soir en premier. En fait, on découvre le fonctionnement fondamental de la relation à l'autre en se frottant à lui, en voulant passer avant lui ou en cédant son tour. C'est un véritable terrain de formation qui permet aux enfants d'avancer dans leur évolution et cela va leur servir toute la vie. À certaines périodes, les relations peuvent être très tumultueuses et s'apaiser dans la période suivante. Des enfants qui, petits, se chamaillaient souvent peuvent, plus grands, faire paisiblement des choses ensemble. Les chahuts ou mésententes sont généralement un mélange d'amour et d'agressivité. Ces disputes banales sont nécessaires pour s'affirmer, et les enfants s'en débrouillent souvent tout seuls.

Quand les parents considèrent chacun dans sa singularité avec un même amour, les disputes fraternelles sont moins fortes, car l'enfant sait qu'il n'a pas besoin de se battre pour sa place. En revanche, si les parents favorisent l'indifférenciation dans la fratrie ou s'ils sont trop absents pour aider chacun à se distinguer, ils transmettent de l'insécurité, et les disputes se renforcent. Peu différenciés, les enfants cherchent leur singularité dans les conflits. Chacun va quêter la différence que le parent veut gommer. Se comporter de la même manière avec tous est néfaste, et les disputes continueront à s'amplifier, chaque enfant cherchant à se différencier.

Ces disputes s'accentuent aussi lorsque les enfants déplacent dans la fratrie les conflits qu'ils voudraient avoir avec les parents. On s'oppose au frère comme on voudrait le faire avec les parents ; on se dispute autour d'un jouet, car le parent ne nous a pas aidé à accepter les frustrations. La fratrie se dispute également si les conflits conjugaux sont intenses, car elle reproduit en quelque sorte cette forme de liens. Enfin, l'expérience du parent, lorsqu'il était enfant, peut favoriser les conflits dans la fratrie. Si, dans son enfance, le parent a connu des disputes fraternelles qui faisaient mal, il va, dans la confusion avec les émotions d'autrefois, laisser éclater les disputes enfantines ou réprimer injustement l'un de ses enfants, en se vengeant inconsciemment de son frère ou de sa sœur. Cette souffrance réveillée peut aussi le conduire à démissionner devant les bagarres et les altercations fraternelles violentes qu'il laisse se développer.

Il apparaît donc que ce que les parents expriment ou répriment exerce une forte influence sur le mode de résolution des conflits des enfants entre eux. Les parents doivent être capables de contenir les disputes qui deviennent violentes. Ils ont un rôle de modérateurs et la responsabilité de mettre un terme à la dispute qui dépasse les bornes. Sinon, les haines fraternelles que les parents ne peuvent plus contrôler risquent de s'installer pour très longtemps. Le pardon devient difficile lorsque les souffrances s'accumulent. Parfois, des frères et sœurs deviennent des étrangers qui ne se voient plus à l'âge adulte.

Mon fils ne veut rien prêter ou donner à son frère. Comment l'initier à la générosité ?

Les relations fraternelles ouvrent sur la vie sociale. Les échanges au sein de ce groupe enseignent le partage, le respect et l'altruisme. C'est un espace d'apprentissage qui participe à la mise en place de la solidarité et de la générosité. Le frère ou la sœur aide aussi à renoncer à l'exclusivité de la relation avec la mère et permet ainsi d'entrer dans la réalité. Dans la prime enfance, cette possession de la mère pour soi tout seul est souvent déplacée sur les objets : « Ce jouet est à moi, pas à toi. » Quand on est tout petit, prêter ou donner est difficile : c'est être dépossédé de façon vitale. Revendiquer la propriété des jouets est une façon de se sécuriser et de marquer son territoire. C'est même une étape nécessaire où l'enfant fait l'expérimentation de son moi propre. « À moi » signifie la capacité de se reconnaître comme un sujet qui désire avoir des propriétés personnelles. L'enfant va comprendre petit à petit que le frère ou la sœur a ses objets ou ses jouets distincts, ses propres habits ou son assiette... « À toi » montre la capacité à se savoir séparé d'un autre qui a aussi un désir. Le jeu du « tiens, donne » peut accompagner cet apprentissage très précocement, même avant l'arrivée du cadet. On reprend le jouet et on le rend de suite à l'enfant en accentuant progressivement le laps de temps. L'enfant apprend ainsi la séparation avec ce jouet qui auparavant représentait l'union.

Il va falloir faire ce bel apprentissage : céder, donner à l'autre, mais progressivement et suivant les capacités de l'âge. Un tout-petit reste longtemps dans l'illusion d'une relation sans frustration où tout lui appartient. Lorsque l'enfant est un peu plus grand, les parents doivent favoriser les échanges avec la fratrie qui arrive : « Quand tu étais plus petit, tu avais tes jouets de petit ; maintenant que le bébé est là, tu pourrais les lui donner. » L'enfant qui ne donne pas ou ne prête pas en grandissant n'est pas encore suffisamment en sécurité avec lui-même. Si cela persiste trop longtemps, il est temps de lui montrer que l'on trouve de grandes satisfactions au partage. Si l'aîné, par exemple, devient un tyran qui garde tout pour lui, les parents doivent imposer fermement une limite à cette toute-puissance, mais ils doivent aussi s'interroger sur l'origine de tant d'insécurité chez l'enfant. Il leur est nécessaire d'être assez fermes pour encourager, voire imposer parfois, de petites séparations qui préfigurent l'autonomie.

J'ai des jumeaux qui sont inséparables et qui parlent ensemble un charabia. Comment réagir et me positionner ?

Dans la fratrie, l'autre est un peu un double idéal, un complice qui nous comprend totalement. Il est « du même que moi », de la même génération, comme dans une communauté ou une confrérie. Parfois, on a l'impression que la fratrie forme une unité singulière refermée sur elle-même, une entité à laquelle le parent n'a pas accès. Chacun est en fusion avec l'autre, ne formant qu'un seul corps.

Cette affinité extrême s'accentue encore chez les jumeaux jusqu'à une indifférenciation qui peut troubler les identités et le langage. Dans leur univers clos, ils semblent se suffire à eux-mêmes, vivre en autarcie, sans besoin réel des autres. Ils ont souvent un lien très fort qui commence *in utero* et va se prolonger en général toute la vie. La mère se sent parfois exclue de cette bulle où ils semblent se comprendre par un simple regard, un son, un bruit de bouche ou une intonation. Le jargon crypté et incompréhensible qu'ils utilisent a été désigné sous le terme de « cryptophasie » par le professeur de psychologie René Zazzo. Ce langage reste à un niveau archaïque pendant un certain temps, car il ne fait pas appel à des mots du langage socialisé. C'est leur relation fusionnelle prolongeant la dépendance et l'indifférenciation qui induit le retard de langage que l'on observe quelquefois chez les jumeaux vers deux ou trois ans. Le langage, qui s'acquiert en général par la communication avec les parents et la fratrie aînée, est en retard, car les jumeaux privilégient les relations entre eux et ne cherchent pas à imiter les grands. Ils vont devoir faire un double travail de « défusion » : celle d'avec la mère et celle d'avec l'autre jumeau, pour se singulariser et se différencier. Les séparations brutales ne sont pas satisfaisantes et peuvent avoir des effets néfastes comme pourrait en avoir la séparation radicale d'avec la mère. Mais c'est en privilégiant la personnalité et les potentialités de chacun, les différences et les singularités que la séparation progressive va avoir lieu et que le langage va se mettre en place normalement.

Ce phénomène de compréhension en deçà des mots conventionnels s'observe aussi chez des couples d'amoureux qui devinent l'autre sans avoir besoin de parler, car ils se comprennent totalement ou à demi-mot. On le trouve également quand on parle à un bébé dans un charabia infantile : c'est une forme de langage primaire où les mimiques, les expressions corporelles et gestuelles, le ton de la voix, les sons de la gorge... comptent plus que les représentations des sentiments illustrés par des mots.

Se comprendre sans les mots courants soude une fratrie ou des jumeaux, surtout quand l'entourage ne comprend plus. Bien souvent, les parents doivent accepter le plaisir régressif et assez primaire de ces expériences ludiques et passagères. Pour dédramatiser, ils peuvent même s'en mêler et jouer au petit enfant qui baragouine avec les jumeaux ou la fratrie. Cela renforce le plaisir de ces échanges fusionnels, qui sont en principe provisoires, mais surtout cela introduit l'adulte dans le monde des enfants pour orienter leurs découvertes. Le charabia s'estompe quand d'autres intérêts sont proposés par les parents.

En revanche, le parent angoissé qui interdit formellement ce type d'échanges va renforcer le comportement des enfants qui risque de s'accentuer pour parer l'angoisse ou l'étouffement parental. Le groupe fraternel ou gémellaire qui se réfugie dans le charabia lutte contre la séparation mal accompagnée ou contre l'autonomisation imposée trop vite. Cette fusion extrême peut conduire à une difficulté à se différencier, et ces connivences peuvent préfigurer trop de complicité fraternelle et, par la suite, pas assez d'intimité, notamment sexuelle et identitaire.

On a besoin des mots pour se comprendre et échanger avec un autre que nous-même et surtout pour se construire dans la différence. La société nous donne un code langagier qui va nous aider à comprendre l'autre, extérieur à soi. Utiliser le langage permet d'être séparé et relié aux autres avec nos différences. C'est un symbole d'autonomisation et d'individualité.

Mon fils éprouve du dégoût à manger ou à boire quelque chose qu'aurait touché sa sœur. Comment tempérer ces excès ?

La fratrie est une unité qui peut donner le sentiment d'une disparition de la personne au profit du groupe. Pour ne pas se confondre, s'emmêler, ou ne plus exister par soi-même, l'enfant déploie parfois une mise à distance, dans une forme de rejet ou d'hostilité, voire de dégoût envers l'autre. S'écarter de l'autre est une manière de lutter contre la peur d'être identique. Rejeter l'autre est une façon de se construire unique et différent. Éviter de manger ou de boire ce que l'autre a touché est une façon de ne pas se mélanger. Le partage des aliments est le signe que l'on fait partie d'un même corps et d'une même communauté. Dans *Totem et tabou*, Freud explique qu'un repas partagé autour d'une même nourriture nous donne le sentiment de ne faire qu'un. Ainsi, chez les peuples primitifs, l'animal totem sacrifié que l'on mangeait tous ensemble réunissait les convives qui formaient un clan dans le fantasme de « corps commun » où chacun est identique à l'autre. On pourrait aussi évoquer l'agneau, le mouton sacrifié, le pain fractionné ou encore le repas familial, moments qui renforcent les liens et donnent consistance à une communauté, à un peuple, à une famille... On pourrait également faire référence au premier objet nourricier, qui est la mère. Dans la fusion avec la mère, le bébé qui tète se retrouve dans l'indifférenciation des corps pour ne former qu'un.

Dans la fratrie, on observe ce corps commun fraternel où chacun est un peu l'autre. Lorsque le grand pleure, le petit s'y met à son tour. On veut sucer le bonbon de l'autre, piocher dans l'assiette du grand, faire un câlin en même temps que le petit. Ce partage rassemble la fratrie dans un même régime.

Mais, quand un enfant a besoin de grandir, il cherche plutôt à s'éloigner de ce qui fait confusion avec l'autre. Il aime avoir ses objets personnels, son doudou, ses cahiers, ses petits livres... En revanche, si les parents entretiennent l'indifférenciation dans la fratrie, il doit s'écarter encore plus, rejeter ou détruire les objets de l'autre, ou ne pas manger les mêmes choses. Ne pas toucher la nourriture de l'autre est donc une tentative de ne pas se perdre dans un mélange avec l'autre. C'est s'éloigner d'un groupe qui pourrait nous amalgamer dans le lien fraternel.

De plus, si l'autre est différent sexuellement, cette attitude peut se renforcer à la période où il est nécessaire que l'identité sexuelle se mette en place plus fortement : « Je ne suis pas une fille ! » Dans la peur de perdre une part de son identité sexuelle dans la confusion avec l'autre, on se distingue et on ne veut pas être mêlé à lui. On le constate dans les cours de récréation à un certain âge : « Le rose et la vanille, c'est pour les filles, le bleu et le chocolat, c'est pour les garçons. » Et chacun fonde des clans différenciés, se réfugie entre pairs du même sexe, les garçons d'un côté, les filles de l'autre. Plus le besoin de s'affirmer différent existe, plus les angoisses de confusion sont présentes.

De façon passagère, cette attitude peut donc être normale à certaines étapes du développement. Si ce dégoût se prolonge et reste intense, c'est que la crainte de se mélanger est trop importante, surtout si la famille n'aide pas suffisamment à la distinction de chacun. Il peut alors y avoir une fragilité de l'individualité, la singularité ou de la différence des sexes, fragilité qui peut être renforcée par les parents si ces comportements les dérangent au plus haut point, ou si, *a contrario*, ils s'en désintéressent complètement et laissent l'enfant dans son insécurité identitaire. Il faut à la maison faire suffisamment de différence pour que chacun s'y retrouve.

Ma fille suit tout le temps son aîné, qu'elle prend comme modèle absolu. Comment favoriser ses initiatives personnelles ?

Dans son désir de grandir, le petit envie les qualités, les aptitudes et les avantages du grand. Il aimerait ressembler à ce guide invulnérable et inaccessible. Il n'a pas encore bien intégré la différence de maturité et de capacité en fonction de l'âge. Il copie ou a l'impression qu'il ne pourra jamais faire des choses aussi fortes et aussi étonnantes. L'aîné devient un modèle absolu ou un leader qui semble autosuffisant dans son autonomie, alors que le petit a encore terriblement besoin d'un autre. Le grand peut devenir presque un dieu, une référence, que le plus jeune idéalise et auquel il est prêt à se soumettre. L'idéalisation valorise aussi le narcissisme de l'aîné, lequel peut vouloir prolonger cette admiration du petit qui lui fait confiance en tout. Il peut profiter de la situation et même en rajouter en maintenant le cadet dans la dépendance : « Tu es petit, tu ne sais pas encore, c'est moi seul qui peux le faire. » Il n'aide pas la fratrie s'il ajoute : « Tu ne sauras jamais. » Au début, l'aîné sera enchanté d'avoir un cadet qui l'idolâtre, puis il peut le trouver trop collant et s'éloigner de lui.

Ces comportements, s'ils sont passagers, vont permettre la compréhension des différences. Le petit comprend qu'il ne possède pas d'emblée les capacités du grand. Il va vouloir grandir pour acquérir ces qualités et ces privilèges. Il pourra accepter d'attendre en rêvant à ces accomplissements qui seront bientôt à sa portée. Il comprend qu'il pourra faire un jour par lui-même. En attendant, il observe le grand et admire cette image parfaite de l'autre qui lui semble un modèle absolu. Dans l'enfance, on a besoin de s'identifier aux parents, mais aussi à la fratrie, car on forge sa personnalité en référence à cet idéal. Le grand a plus de connaissances, il est plus adroit, plus instruit, plus sûr de lui. On a observé que les cadets qui suivent l'exemple d'un aîné garçon sont plus actifs, plus agressifs, plus ambitieux ou dominants, alors que, s'ils suivent l'exemple d'une fille, ils sont plus calmes, plus conciliants et plus obéissants.

Est-ce une bonne chose que de donner un enfant en exemple à l'autre ?

Si cette comparaison est ponctuelle et varie au sein de la fratrie, selon le sujet traité, elle est tout à fait acceptable. Mais quelques parents vont toujours désigner le même enfant au détriment de l'autre : « Il est plus sage que toi ; prends modèle sur ton frère » ou bien : « Tu es un provocateur, ce n'est pas un exemple pour ta sœur. » Ce discours risque de renforcer les étiquettes attribuées à l'un et à l'autre et de figer les personnalités : l'enfant parfait et l'autre dissipé et agité... Dans ces familles, les parents se réfèrent inconsciemment à leur propre enfance. Une mère pense devoir défendre sa fille en la prenant pour exemple, se souvenant que ses propres frères la maltraitaient. Une autre peut critiquer sa fille, car elle a été jalouse de sa sœur. Un père pense que son aîné n'est pas aussi généreux que lui... Les parents peuvent ainsi prendre en exemple ce qu'ils n'ont pas été ou ce qu'ils auraient voulu être ou encore ce que leurs propres parents ont apprécié. Il est donc très important de ne pas cataloguer les enfants en valorisant trop l'un, en dénigrant trop l'autre. C'est aussi donner un rôle trop lourd à l'enfant exemplaire, qui ne peut assumer ses petits défauts. À terme, ces comparaisons peuvent en outre favoriser les rivalités, les jalousies ou la haine dans la fratrie.

Le plus jeune prend systématiquement le contre-pied de l'aîné. La personnalité de l'enfant se construit-elle en opposition à celle de ses frères et sœurs ?

L'opposition fait partie du développement de l'enfant, et c'est vers trois ans qu'elle atteint son apogée. Autour de cet âge, l'enfant va bouder, rechigner ou refuser de prêter un jouet au bébé. Il peut prendre le contre-pied de ce que les parents lui demandent de faire. Puis, en grandissant, le cadet prendra le relais. Il va systématiquement adopter la position contraire à ce qu'on lui demande, qu'il s'agisse des parents ou de son aîné. Quand l'un veut jouer au ballon, l'autre a envie de faire un dessin ; si l'aîné veut du silence dans la pièce, le cadet choisit ce moment pour le déranger. L'opposition systématique est souvent passagère et s'étend sur quelques mois. Ce stade est important, car il permet de découvrir que l'on a des pensées, des positions, une individualité. S'affirmer donne du caractère et de la personnalité. En adoptant ce type de comportement, l'enfant est très fier de ses exploits et de ses nouvelles capacités. Il veut faire le grand et aime qu'on le félicite. Certains parents souhaiteraient garder ce petit dans l'illusion de sa toute-puissance et dans un état de non-frustration, mais il faut prendre garde à ne pas confondre besoins et abus de l'enfant. Un enfant qui reste un petit roi ne sera jamais en sécurité. Des colères et des oppositions prolongeront sa toute-puissance, mais des angoisses profondes pourront aussi le submerger. Rester longtemps dans ce mode de fonctionnement ne fait pas grandir : le fantasme d'inversion des places fait croire à l'enfant qu'il domine l'aîné, voire ses parents. Il y a confusion des rangs et des générations.

Au début, les parents seront peut-être fiers de ce petit bout de chou qui a tant de personnalité, de ce petit homme précoce, dominant et étonnamment logique dans ses raisonnements, de cette petite femme séduisante qui semble plus mature que l'aîné dans ses répliques. Mais, progressivement, ils subiront sa tyrannie qui s'exercera aussi dans la fratrie. « On demande au grand de tout lui céder, sinon il fait des colères terribles. » À l'adolescence, la gestion éducative pourra se retrouver en grande difficulté. L'amour des parents doit limiter la domination de l'un sur l'autre dans la fratrie. Donner des limites à un enfant est un acte d'amour éducatif.

« Est-ce que je peux aller aussi à l'anniversaire du copain de mon frère ? »

Chacun, dans la fratrie, doit pouvoir avoir ses propres copains, ses lieux et ses endroits, ses intérêts et ses relations. C'est la condition de l'individualité. Tisser des affections personnelles en dehors de la famille est important. Et il faut apprendre aussi à ne pas tout partager. L'enfant doit pouvoir supporter que l'autre ait des activités différentes et loin de lui. « Non, tu n'es pas invité. Tu dois comprendre que ce n'est pas un de tes amis. » Il n'a pas à être triste d'être écarté une soirée, un jour ou quelques semaines de l'autre, car il doit trouver ses propres plaisirs. Accepter, même avec quelques larmes, que l'autre puisse trouver des satisfactions dans d'autres liens est un apprentissage de la séparation et de l'évolution. Les parents doivent veiller à ce que chacun trouve ses territoires et ses intérêts propres. En revanche, à l'adolescence, des frères et sœurs trouvent quelquefois des intérêts communs auprès d'une même bande d'amis, et chacun peut y avoir sa place.

« Pourquoi il a le droit de le faire et pas moi ? »

C'est aux parents d'apprécier ce qui peut être bon pour chacun des enfants. L'enfant n'a pas à juger ce qui est bon pour lui et pas pour l'autre. C'est aux parents de jauger les besoins de l'un et de l'autre et de leur apprendre la frustration et le respect du choix parental. L'enfant doit apprendre à faire confiance et à différer son envie : ce sont ces expériences qui le feront grandir. S'il veut faire comme son frère sans écouter l'interdit parental, il ne comprendra pas que chacun est différent, que chacun a des limites et qu'il n'est encore qu'un enfant. Mais c'est très bien aussi qu'il pose la question et que vous puissiez lui dire non pour l'éduquer. Même si ses arguments sont à prendre en considération, ce n'est pas lui qui décide. Bien sûr, faites attention de ne pas octroyer des privilèges à l'un et pas à l'autre de façon véritablement injuste, mais n'hésitez pas à faire des différences si elles sont justifiées et nécessaires.

chapitre 5

La place de chacun dans la galaxie familiale

Les réponses aux questions
qui se posent dans une fratrie
(jalousie, rivalités...) dépendront
de la structure éducative
que proposent les parents.
Et la personnalité de chacun
en retirera des bénéfices
et une richesse pour la vie.

Le rang dans la fratrie a-t-il des effets psychologiques ? Quelles sont les particularités des premiers et des derniers ?

Le premier enfant est resté quelque temps un enfant unique, choyé, parfois trop écouté comme un petit roi. Puis il a dû grandir, partager, s'adapter, réaménager des liens. Souvent, l'aîné a tendance à être plus actif et dominant dans la fratrie. Il est meneur, conduit les jeux, attire l'attention des plus jeunes, les influence et leur sert bien souvent de modèle. Il a plus d'autorité sur les petits et se réfère aux parents.

En général, les enfants suivants se plient aux consignes ou aux ordres des grands. Ils ont plus souvent un rôle de subordonné et imitent les premiers-nés. Ils sont très vite sociables, car baignés dès leur plus jeune âge dans des liens fraternels qui favorisent les relations. Les petits se réfèrent fréquemment à l'autorité de la fratrie aînée. On dit qu'ils sont plus faciles à élever.

Soulignons aussi que la place de l'enfant du milieu est parfois délicate, car c'est à lui que l'on consacre généralement le moins de temps ou d'attention. Il n'a pas le prestige de l'aîné ni les privilèges de son cadet. Il faut donc le valoriser et lui donner le sentiment qu'il existe également à part entière.

Mais il n'y a pas de bonne ou de mauvaise place dans la fratrie. C'est la manière de réagir des parents qui détermine le vécu des enfants. C'est à eux de ne pas figer un enfant dans une place déterminée. Et même si le rang dans la fratrie organise en partie la personnalité de chacun, ce sont les parents qui vont moduler et régulariser ces fonctionnements pour rétablir les équilibres afin que chacun puisse trouver son chemin. Les lois du respect, du partage, de l'équité et de la patience vont apprendre aux enfants à s'ajuster sans se figer dans des attitudes rigides. Certains parents vont même parfois complètement inverser les rôles dans la fratrie : ils redistribuent les pouvoirs et les dominations, les soumissions et les passivités, et les places peuvent s'intervertir.

J'ai trois enfants et j'ai toujours le sentiment coupable de ne pas avoir assez de temps pour chacun d'eux.

Si le petit nid psychique est assez grand dans la tête des parents, chacun trouvera sa place dans la fratrie. Deux, trois enfants, quatre et plus ne semblent pas poser de problème dans le cœur de beaucoup de parents. S'ils sont raisonnables et qu'ils ont envisagé la possibilité de relatives bonnes conditions pour les enfants (une maison assez vaste, des ressources financières suffisantes, une organisation de vie compatible avec plusieurs enfants...), une grande fratrie pourra s'épanouir. Lorsque la famille augmente encore : cinq ou six enfants et parfois plus, certains parents arrivent toujours à aimer chacun dans son individualité et à lui réserver un peu de temps. Mais, parfois, les parents sont débordés et ne parviennent plus à donner ni suffisamment de temps à chacun ni assez d'amour. Plus tard, les enfants devenus adultes se souviennent de cette place fragile dans le cœur des parents : « On était si nombreux que ma mère ne savait plus si j'étais la cinquième ou la sixième de la fratrie. C'est ma sœur aînée qui m'a donné son amour car mes parents avaient trop de choses à gérer. » Dans ces cas, les aînés deviennent souvent des relais parentaux, mais c'est une tâche trop lourde qui peut les priver de l'insouciance nécessaire à l'enfance. Certaines de ces configurations n'offrent plus à la fratrie la fonction de contenance, de sécurité, de sociabilité ou de cocon. Plusieurs enfants peuvent ainsi être délaissés, car le temps n'est pas extensible. Une femme qui ne voulait pas d'enfant nous expliquait sa souffrance d'avoir été la quatrième d'une fratrie de dix enfants : « J'avais peur de voir grossir le ventre de ma mère. Il fallait remettre des matelas pour se tasser dans la pièce. J'ai le sentiment d'avoir été livrée à moi-même dans une grande solitude et de ne pas avoir été écoutée quand j'étais petite. » La famille nombreuse ne brise pas toujours la solitude quand les parents n'ont pas le temps d'être disponibles pour chacun. C'est pourquoi fonder une fratrie nombreuse doit être un projet mûrement réfléchi, et non répondre au désir de la mère d'avoir des grossesses à répétition, ou d'obtenir une revanche envers la génération précédente : « Nous sommes capables, nous, d'être parents même dans les pires difficultés », car alors les parents ne pensent plus aux enfants. Mais une famille nombreuse dans laquelle les parents réservent un temps partagé et un amour pour chacun sera un lieu de partage.

Mes deux aînés sont très proches l'un de l'autre et le petit dernier semble délaissé. Que faire ?

Des aînés qui ont vécu des expériences communes, qui se sont construits dans la complicité ou les conflits se connaissent bien. Une entité aînée forme un groupe distinct du petit. L'aîné qui, pendant un temps, était l'enfant unique s'est adapté avec l'arrivée du deuxième et a appris à partager le temps avec ses parents. Il a organisé avec son cadet un groupe fraternel. Lorsqu'un suivant arrive, il est parfois difficile de refonder un nouveau groupe. Le petit a besoin de la maman, il ne sait pas encore se débrouiller et il est difficile de partager des choses avec lui. Ce benjamin est souvent surprotégé par la mère, qui parfois reporte sur lui un désir de maternité dont elle ne fait pas le deuil. Le dernier-né peut aussi devenir le bouc émissaire des aînés, qui n'admettent pas les privilèges dont il jouit. Par ailleurs, si les parents insistent auprès des deux grands : « Ne le laissez pas seul, occupez-vous de lui... », les aînés vont se rapprocher l'un de l'autre en écartant le petit dont on leur impose la présence. Le mieux est sans doute de valoriser les moments où les aînés vont vers le petit, mais sans leur faire jouer le rôle de parents de substitution.

Selon les écarts d'âge, c'est parfois les deux petits derniers qui seront très proches. L'aîné se retrouvera alors un peu seul. Ces divisions en sous-groupes se distribuent souvent en fonction des besoins communs et des intérêts liés à l'âge ou au sexe. Si les parents ne dramatisent pas ce mode de fonctionnement, les rapprochements sont bien vécus et les exclusions ne sont pas renforcées. Le petit profite de sa place de dernier et les aînés jouent ensemble, ou bien le grand se retrouve bien tranquille pendant que les petits se disputent.

Le couplage père-aîné, mère-cadet est-il souhaitable ?

Le couplage père-aîné est parfois nécessaire, notamment lorsque la mère prolonge le corps-à-corps avec un bébé qui a besoin de l'illusion fusionnelle. Ce couplage peut être bienvenu lorsque la mère est hospitalisée quelques jours en maternité avec le nouveau-né ou pour d'autres raisons organisationnelles ou éducatives. L'aîné se sent grand et apprécie le privilège de profiter de son père, disponible pour lui tout seul, et cela peut participer à son évolution. D'ailleurs, les pères témoignent souvent de cette belle expérience : se promener, jouer ou faire du sport avec le grand, alors que la maman est retenue par une tétée ou qu'elle se repose avec le bébé. Lorsque ce couplage est provisoire, il est intéressant que chaque enfant profite d'un des parents. Mais les places doivent pouvoir s'inverser : le père garde le bébé à la maison, tandis que la mère et l'aîné font des activités ensemble. Dans tous les cas, ces relations doivent être interchangeables et ne pas se cristalliser au détriment des autres relations : conjugales, parentales, fraternelles... Le risque des couplages figés est de diviser la fratrie et de donner l'illusion à l'enfant qu'il est un préféré et qu'il supplante même le conjoint dans cet amour. Les générations sont annulées, et le parent devient comme une sœur, un frère ou un conjoint. Les parents doivent veiller à ce que beaucoup de choses se fassent aussi en famille, tous ensemble, ainsi qu'à leur vie de couple, sans les enfants, ce qui contribuera à la construction de liens fraternels positifs.

Peut-on avoir des exigences différentes selon les enfants de la fratrie ?

Faire des activités ensemble et avoir des règles communes sont des choses très importantes, mais avoir des demandes ou des exigences différentes envers les enfants est aussi une attitude vitale. Il est important de s'adapter aux différences des enfants. Une mère nous expliquait combien les disputes, les chamailleries, la jalousie entre ses deux enfants étaient pénibles à vivre. Elle était excédée et surtout très fatiguée. Elle poursuivait : « Pourtant, je ne fais pas de différence entre eux. » En entendant cette phrase qui, à un premier niveau, voulait signifier qu'elle les aimait tous deux et ne faisait pas de favoritisme, nous avions ajouté très vite : « Espérons que si ! » Nous avons immédiatement explicité notre réaction : évidemment, nous ne mettions pas en doute son amour pour son fils et pour sa fille, mais l'une des raisons de leurs affrontements incessants était peut-être justement qu'ils n'étaient pas assez différenciés. Il est important d'admettre les différences non pas pour en faire une discrimination au niveau de l'amour maternel, mais pour reconnaître les enfants dans leur singularité.

Avoir des exigences différentes suivant l'âge, le sexe, selon aussi le moment, le vécu, les émotions ou le besoin de l'enfant, est une attitude nécessaire pour son psychisme. Au quotidien, les exigences doivent s'adapter à chaque comportement de l'enfant et à ses besoins du moment. Ne pas faire de différences semble la meilleure intention du monde, mais peut se révéler très néfaste si on ne reconnaît plus chaque enfant comme unique. Si les exigences sont les mêmes, c'est que l'un serait le clone de l'autre. Un garçon est différent de sa sœur, comme le sont deux frères ou deux sœurs qui n'ont ni le même âge, ni le même physique, ni le même prénom... Chacun dans une famille doit se sentir singulier : d'abord au niveau de la génération (le fils n'est pas le père, la fille n'est pas la mère), puis au niveau de la fratrie (Arthur n'est pas Pierre...). Ce n'est pas la reconnaissance des différences qui provoque les jalousies et les rivalités au sein des fratries, c'est au contraire leur négation.

Dois-je, par exemple, singulariser la nourriture et l'heure des couchers ou traiter tout le monde sur le même plan ?

Si je sais que ma mère m'aime tout autant qu'elle aime mon frère et qu'elle me reconnaît avec mes besoins spécifiques, tant pour le coucher que pour la nourriture, je n'ai pas de raison d'être jaloux. Quel parent aurait l'idée d'offrir à Noël les mêmes jouets à chacun de ses enfants ou de donner à chacun le même prénom ? En matière d'éducation, c'est la même chose : chaque enfant est différent et a droit à des attentions personnalisées qui prennent en compte ses particularités et ses spécificités, notamment son âge et son sexe. L'amour parental ne se mesure pas en temps passé avec l'un ou l'autre, ni aux cadeaux analogues ou aux habits identiques, mais aux réponses adaptées aux besoins. La reconnaissance des différences étant fondamentale pour les processus de maturation de l'enfant, ce sont ces distinctions qui le feront grandir. Ce n'est pas facile d'être parent ! Il faut concilier deux éléments apparemment contradictoires : maintenir une égalité de traitement dans sa globalité mais reconnaître la singularité de chacun et y répondre.

Si la différenciation est essentielle, pour former une famille, il faut aussi des ressemblances, des habitudes communes, un rythme et de la nourriture partagés. Bien sûr, lorsque l'enfant est petit, il faut singulariser la nourriture ou les heures de coucher, mais, progressivement, cela va s'estomper, et les enfants vont avoir à peu près le même régime, les mêmes heures de coucher. Ces rythmes communs resserrent les liens. On se retrouve ensemble à table et on partage un plat commun. En grandissant, l'aîné qui mangera à la cantine le midi ou qui emportera son sandwich va se différencier, mais, le soir, il se retrouvera à la table commune pour partager et échanger. Il pourra faire ses devoirs un peu plus tard et se coucher plus tardivement, mais il devra respecter le sommeil des autres. Même si ces différences de régime agacent le petit, cela lui donnera envie de grandir et l'aidera à accepter les différences.

Est-il normal pour un parent de se sentir plus ou moins à l'aise avec un enfant selon son sexe et/ou sa place dans la fratrie ?

On a le droit d'espérer un sexe précis pour le bébé qui va venir, mais il est important de s'adapter et d'aimer l'enfant qui arrive, quelle que soit son identité de fille ou de garçon. Néanmoins, il se peut que des parents aient du mal à accepter l'enfant sexué : « Quand j'ai su que j'attendais un garçon, j'ai pleuré ma petite fille perdue. » C'est souvent des mythes familiaux ou d'anciens traumatismes qui remplissent les discours parentaux de représentations subjectives : « Un garçon est plus dur à élever ; une fille est plus dure à élever ; les filles sont plus fragiles, plus douces et moins violentes ; les garçons sont plus proches des parents ; une fille, ça veut partir vite ; une fille, ça reste plus longtemps ; le garçon est un soutien de famille pour plus tard. » Ces représentations contradictoires peuvent conduire le parent à se sentir moins à l'aise avec l'enfant sexué qu'il n'a pas désiré ou qu'il redoute. Pour le deuxième ou le troisième enfant, les parents souhaitent souvent le sexe opposé à l'aîné ou aux aînés : « On a déjà deux garçons, on aimerait une fille. » Parfois, l'on souhaite aussi l'enfant désiré par le partenaire. « Il a déjà eu deux filles avec sa première femme. Il voulait un garçon », nous dit une femme qui a eu du mal à accepter sa fille, qu'elle confondait avec elle-même, rejetée par ses propres parents dans son enfance.

La difficulté de la relation avec un enfant peut également manifester la peur d'être trop proche de celui que l'on a tant espéré et que l'on a peur de trop aimer. Des pères peuvent ainsi tenir leur fille à distance par peur d'une trop grande proximité. Si un père a souffert autrefois d'un manque de lien maternel ou, au contraire, d'une mère étouffante, la relation avec sa fille va être teintée de désir œdipien, qui, inconsciemment, va lui donner une impression de malaise, en écho avec l'interdit de se rapprocher d'une mère désirée. Trop de proximité deviendrait dangereux, car le désir est intense dans cette relation. Ce peut être aussi des relations particulières avec son propre père qui mettent le jeune père mal à l'aise avec son fils. De même, une mère qui a eu un père violent ou absent, par exemple, pourra s'éloigner un peu de ses garçons. À l'opposé, elle peut fusionner longtemps avec un de ses garçons qui représente un père perdu dans son enfance... Les représentations d'un enfant peuvent donc être en lien étroit avec des pensées souvent refoulées et plus ou moins bien résolues. Ce sont les résonances avec des histoires familiales ou la confusion des places qui angoissent le parent : « Il est le troisième comme mon frère, qui a été très malade quand il était petit, les troisièmes n'ont pas de chance ! », « Ma fille est née le jour anniversaire du décès de ma mère il y a dix ans »... Quand un enfant est confondu avec un membre de la famille d'avant, dans sa place ou dans son identité sexuée, mais aussi dans les ressemblances, le parent ne se sent pas à l'aise. Il développe une « parentalité confuse » – concept que nous avons développé avec Gérard Decherf – en mélangeant ses sentiments avec son vécu d'autrefois. On pourrait dire qu'il y a aussi une « fratrie confuse » lorsque le parent confond sa fratrie d'enfance avec celle qu'il a fondée.

La fratrie est-elle plus facile à vivre à l'adolescence ?

À l'adolescence, les relations entre frères et sœurs vont être normalement bouleversées : la tâche de chaque adolescent étant de reconstruire des relations fraternelles et familiales qui ne soient plus celles de l'enfance et qui vont préfigurer les relations de l'âge adulte. Dans cette période de transformation, la mue corporelle et psychique de l'adolescent le positionne un temps dans l'« entre-deux d'une identité chrysalide », note le psychanalyste Pierre Benghozi. Afin de devenir un être adulte et différent, le jeune déconstruit les modèles infantiles pour reconstruire de nouveaux modes de relation.

Il faut distinguer d'abord la préadolescence, période de bouleversements psychiques intenses entre régression et progression. C'est un stade de développement dynamique, riche de découvertes avec des allers et retours entre l'extérieur et l'intérieur de la famille. Entre dix et quatorze ans environ, le jeune se cherche avec les risques qu'il commence à vouloir prendre et devant lesquels on doit encore poser des interdits. Le corps change et cela l'angoisse. Il doute de lui-même, il est mal dans sa peau, ce qui est souvent épuisant pour lui comme pour les parents. Il pense savoir ce qui est bon pour lui alors qu'il est encore très jeune. « Elle est entre Madonna et les Schtroumpfs, je m'y perds », disait une mère à propos de sa fille. Les liens fraternels sont encore enrichissants mais mouvementés : « Un jour, c'est un grand qui envoie tout le monde promener, frère et sœur compris, et, à un autre moment, c'est un bébé qui a besoin de câlins et qui ne supporte pas qu'on s'intéresse à son frère. » Il y a beaucoup d'ambivalence : le frère est d'un seul coup le complice qui peut tout comprendre ou celui qui est nul ; la sœur peut être une confidente ou devenir trop maternante et collante. Leurs relations passent de la proximité à l'éloignement, du besoin de l'autre aux moments de solitude. Les revendications et les jalousies peuvent réapparaître. Les jeunes s'intéressent à la notion de justice et rediscutent des privilèges de l'un ou l'autre, si cela n'a pas été résolu dans la petite enfance. Mais ils peuvent commencer à régler leurs conflits eux-mêmes. Les intérêts commencent à diverger, et chacun cherche ses territoires, ses copains et ses loisirs. La personnalité s'affirme avec ses qualités et ses défauts, ses habitudes et ses manies... Le parent a moins besoin d'intervenir dans la fratrie, mais il a encore beaucoup de travail avec chaque enfant.

Puis, de quinze à dix-huit ans environ, l'adolescent va construire sa place singulière, sa personnalité, ses points de vue propres, différents de ceux de sa famille... et cela peut contribuer à créer un grand remue-ménage dans les liens fraternels. La fratrie est vécue comme ce qui arrime à la famille, alors que le jeune a besoin de grandir et de quitter le nid. Les disputes et les conflits peuvent être des tentatives de rompre la dépendance fraternelle qui relie encore au groupe ancien. Le but n'est plus de se différencier parmi les membres de la fratrie, mais de lâcher psychiquement les familiers pour se construire en dehors d'eux. À l'adolescence, d'autres liens fraternels se créent avec les copains, qui vont devenir des groupes de référence, progressivement plus importants que le groupe familial. Parfois, ces liens sont renforcés au point d'éliminer les différences entre eux. Ils vont retrouver l'expérience du groupe fraternel d'origine dans les clans d'adolescents. Ils construisent des liens extra-familiaux, véritable fraternité de « peau de coyote », dit le psychanalyste Gérard Decherf. Nous connaissons ces groupes fraternels entre jeunes, aux liens parfois excessifs, comme « les chemises noires, les blousons noirs, certains motards ou zonards, qui ont adopté la parenté de groupe après avoir mis au placard la parenté familiale », ajoute ce thérapeute. Construire d'autres fratries à l'extérieur, c'est en quelque sorte une façon de récréer un cocon familial ou fraternel avec d'autres semblables. C'est un signe d'autonomisation du jeune qui s'éloigne en rêvant d'autres horizons. C'est l'aptitude à sortir du nid.

Parfois, les traces des conflits non résolus dans l'enfance, les violences ou les injustices resurgissent dans la fratrie adolescente. Des rancœurs et des rivalités, des sentiments d'exclusion ou de délaissement s'expriment à nouveau. Ce retour de souffrances provient du travail de déconstruction nécessaire pour se transformer en adulte. Ces vécus anciens qui reviennent peuvent venir compliquer la dynamique adolescente, s'ils sont trop lourds. Non traitées autrefois, ces souffrances feront piétiner l'adolescent, qui aura du mal à prendre son autonomie. La conflictualité fraternelle s'enlise alors et continue de faire fonctionner des relations intenses à l'intérieur de la famille, comme si le jeune ne pouvait ni abandonner ces fonctionnements ni quitter le lien fraternel. Il semble toujours dépendant du groupe familial ou fraternel d'origine.

Si la fratrie a été suffisamment guidée, si chaque enfant a trouvé son compte et sa place dans la famille, l'enfant devenu adolescent sera capable d'apaiser les relations conflictuelles fraternelles. Il pourra trouver un bien-être en dehors de la famille : relations amicales, amoureuses, investissement professionnel... On peut penser qu'un jeune adulte qui a vécu des relations fraternelles et familiales satisfaisantes et qui a appris à résoudre les conflits de la fratrie reprendra ces leçons à son compte pour vivre et fonder sa propre famille.

En quoi les relations entre demi-frères et demi-sœurs sont-elles différentes d'un lien fraternel classique ?

La famille recomposée est un phénomène d'une ampleur assez récente. Autrefois, les remariages n'avaient guère lieu qu'après un veuvage. Aujourd'hui, les familles recomposées sont liées aux divorces et aux séparations conjugales en forte croissance depuis trente ans. À l'intérieur de ces nouvelles configurations familiales, et malgré un contexte parfois éclaté, le lien fraternel entre frères et sœurs biologiques perdure souvent de manière permanente et stable. En cas de fratrie séparée, ces attachements restent très présents au fond des cœurs, et l'on observe de belles retrouvailles même longtemps après.

Mais d'autres relations vont aussi naître de ces familles recomposées. Ces nouvelles fratries remettent en question nos représentations et nos places de parents et de beaux-parents : « Pourrai-je aimer les enfants de mon conjoint autant que les miens ? Faut-il éduquer l'enfant de l'autre comme si c'était le mien ou faire différemment ?... » Les enfants vont ressentir que le parent n'est plus seul pour décider, mais qu'un nouveau « nous parental » va les accompagner. Les liens fraternels reconstitués sous un même toit et dans la proximité du quotidien construisent un véritable groupe fraternel avec les mêmes principes qu'une fratrie biologique. Les lois qui président aux questions de différences de place, de jalousies ou d'interdits sont souvent les mêmes que dans la famille d'origine. En cas de conflit dans ces liens fraternels, il est important que le nouveau couple tienne bon, que les parents se soutiennent réciproquement et réaffirment ensemble la place de chaque enfant dans ce moment de réorganisation constructive. Ce travail se fait plus facilement quand le parent biologique transfère son autorité au parent qui garde les enfants, dans une « parentalité substitutive ».

Ce lien fraternel recomposé noue des relations comparables à celles étudiées par Freud dans *Totem et tabou*. Dans le clan tribal, la fratrie s'instaurait non par les liens du sang mais par l'appartenance au même clan, autour d'un même totem. Ce n'étaient pas les parents de sang qui faisaient la fratrie, mais la parenté de groupe. Ces liens peuvent être rapprochés de ce que vivait aussi la fratrie de lait, qui tétait le sein d'une même mère nourricière mais non biologique. Dans les familles recomposées, de nouvelles relations vont se tisser progressivement entre les enfants de parents différents. Ils vont confronter leurs habitudes, leurs modes de relation. Une nouvelle « âme fraternelle » va se construire. À l'image d'une véritable fratrie biologique, des jalousies pourront apparaître autant qu'une grande affection où chacun est prêt par amour fraternel à renoncer à certains de ses privilèges.

Les liens actuels qui unissent mes enfants auront-ils un impact sur leurs relations futures ?

Les expériences infantiles et adolescentes dans la fratrie peuvent laisser des traces très positives dans la sécurisation ou la valorisation, dans les façons de réagir ou de se situer hiérarchiquement. Par exemple, les dominants ou les actifs d'une fratrie pourront le rester et transformer ces énergies en force, en dynamisme ou en compétences. Ils pourront, à l'inverse, dans une réaction contraire ou dans une certaine culpabilité, se soumettre, devenir passifs ou discrets. De même, un enfant qui a observé le grand pourra s'identifier plus tard à lui. En revanche, s'il a souffert d'une tyrannie dans la fratrie, il peut, dans une réaction d'identification à l'agresseur, devenir lui-même exigeant ou agressif. Mais l'impact sur les relations futures provient aussi des réactions parentales dans la fratrie. Tous les compliments, les dépréciations ou les valorisations, les étiquettes ou les injustices vont donner les sécurités ou les doutes, les certitudes ou les fragilités qui aideront ou freineront les histoires de chacun.

Même si les parents ont pensé apporter le même « régime » à leurs enfants, même s'ils croient avoir agi de la même manière avec les uns et les autres, les individus de la fratrie auront des différences profondes. Ces différences sont souvent faites inconsciemment, selon le rang de naissance ou le sexe de l'enfant, ou selon le vécu des parents en référence à leur propre fratrie. Ces traces laissées en chacun des enfants se déploieront différemment, et c'est ce qui fait la singularité des individus. Resteront néanmoins des valeurs communes ou des références collectives. Cette « âme fraternelle » avec ses habitudes, ses rites et ses traditions traverse les générations dans les fêtes familiales ou l'éducation des enfants, mais également dans les liens fraternels de solidarité et de partage qui perdurent d'une génération à l'autre. Parfois, ce sont aussi des héritages négatifs qui se transmettent de fratrie en fratrie : des ruptures et des haines, des rivalités et de la jalousie, des sentiments violents et négatifs, non traités dans la fratrie ou dans les générations antérieures.

Majoritairement, les liens fraternels imprègnent de façon bénéfique les relations futures. Les fratries qui ont fonctionné dans le jeu et la complicité, dans les échanges et les découvertes, dans l'expérimentation de la conflictualité gérable profiteront de grands savoirs et de grandes expériences. Quand les parents, relativement disponibles, gèrent avec mesure chaque étape de l'évolution de la fratrie, cette expérience fraternelle reste la base du lien social.

« C'est qui, ton enfant préféré ? »

« Je ne préfère pas un de mes enfants en particulier. Je vous aime autant et pareillement parce que vous êtes mes enfants, issus de moi et de nous, un père et une mère qui s'aiment. Même si j'agis différemment avec l'un ou l'autre, je vous aime totalement l'un et l'autre. L'amour que je vous porte ne doit pas être confondu avec les réponses que je donne suivant les besoins de chacun. Si je fais quelque chose pour l'un et pas au même moment pour l'autre, ce n'est pas parce que j'aime plus un enfant ou moins l'autre. » Un parent ne préfère pas un enfant à un autre. Il agit différemment pour le besoin de l'enfant. Le parent s'occupe peut-être plus du petit quand il en a besoin, mais il aime le grand tout autant. Il a fait la même chose quand son aîné était petit. Et même si l'enfant n'est plus sous ses yeux, s'il est à l'école, ou chez les grands-parents, il reste dans le cœur du parent, qui continue à aimer chacun.

Bibliographie

- BUISSON Monique, *La Fratrie, creuset de paradoxes,* L'Harmattan, coll. « Logiques sociales », 2003.
- BENGHOZI Pierre, *Adolescence Identité chrysalide Sexualité : liens et maillage-réseau,* L'Harmattan, 1999.
- DARCHIS Élisabeth, *Ce bébé qui change votre vie,* Fleurus, coll. « Métier de parents », 2002.
- DARCHIS Élisabeth et AUFFRET Marie, 100 % *Parents,* 100 % *Couple : quand le couple devient famille...,* Milan, coll. « Déclic de soi », 2008.
- DARCHIS Élisabeth, DECHERF Gérard, *La Séparation : j'en parle avec mon enfant,* Nathan, 2008.
- DARCHIS Élisabeth, « Construire une famille : crises et réaménagements », in *Premières années, premiers liens,* sous la direction de V. Lumbroso et E. Contini, Nathan, 2006.
- DARCHIS Jean-Patrick, « Processus de maturation / Processus thérapeutique en institution » et « Index des concepts et expressions de Winnicott » in *Winnicott en pratique, Cahier de l'ANREP,* n° 5, 1988.
- DECHERF Gérard, DARCHIS Élisabeth, KNERA Laurence, *Souffrances dans la famille : thérapie familiale psychanalytique d'aujourd'hui,* In Press, 2003, 2006.
- EIGUER Alberto, *La Famille de l'adolescent : le retour des ancêtres,* In Press, 2001.

- JAITIN Rosa, « “Mon frère, ma sœur : mes premiers jouets” », le fraternel, *Journal de la psychanalyse,* Bayard, 2000.
- RUFO Marcel, *Frères et sœurs, une maladie d'amour,* Le Livre de poche, 2002.
- SCELLES Régine, *Frères et sœurs : complices et rivaux,* Fleurus, 2003.
- TISSERON Serge, *Petites mythologies d'aujourd'hui,* Aubier, 2000.
- WINNICOTT Donald W., *Jeu et réalité,* 1971, Gallimard, 1975.

Pour les enfants :

- AFANO Laurence, *Les Frères,* Ed. Kaléidoscope, 2004.
- AFANO Laurence, *Avec mon petit frère que j'aime,* Éd. Le Rocher Jeunesse, 2005.
- RICHARD Anne, REY Frédéric, MAESTRI Myriam, *Frères et sœurs, pour la vie ?,* Éd. La Martinière Jeunesse, 1999.
- VILCOLLET Pascal d'après Andersen, *Le Vilain Petit Canard,* Éd. Hachette Jeunesse, 2008.

Biographies

Élisabeth Darchis travaille comme psychologue clinicienne à la maternité de l'hôpital Louis-Mourier de Colombes (Hauts-de-Seine). Elle est aussi thérapeute de couple et thérapeute familiale psychanalytique de la Société de thérapie familiale psychanalytique d'Île-de-France (STFPIF). Elle reçoit des familles en consultation et enseigne à l'université Paris-X et Paris-VII.

Elle a publié, notamment, *Ce bébé qui change votre vie* (Fleurus, 2002) et 100 % *parents,* 100 % *couple* (Milan, 2008). Elle est coauteur, avec G. Decherf, de *La Séparation* (coll. « J'en parle avec mon enfant », Nathan, 2008) ; avec G. Decherf et L. Knera, de *Souffrances dans la famille : thérapie familiale psychanalytique d'aujourd'hui* (In Press, 2003, réid. 2008), de *Crises familiales : violence et reconstruction* (In Press, 2005) et, avec G. Decherf (dir.) et A.-M. Blanchard d'*Amour, haine et tyrannie dans la famille* (In Press, 2006).

darchiselisabeth@orange.fr

Jean-Patrick Darchis travaille comme psychologue clinicien dans une association de protection de l'enfance. Il est également psychothérapeute et reçoit des enfants, des adolescents et des adultes.

Il est coauteur de l'ouvrage *Winnicott en pratique (Cahier de l'ANREP n° 5)* et auteur de plusieurs articles dont « Processus de maturation / Processus thérapeutique en institution » et « Index des concepts et expressions de Winnicott ».

Collection J'en parle avec mon enfant

Une collection pour aider les parents à aborder
avec leurs enfants des sujets et des situations difficiles.
Des clés, des pistes, des réponses concrètes
à toutes les questions que se posent les parents
et que leur posent leurs enfants.

Déjà parus :

La mort
Dr Michel Hanus et *Isabelle Hanus*

La sexualité
Pascale Poulain

La séparation
Élisabeth Darchis et *Gérard Decherf*

À paraître :

L'entrée à l'école maternelle et élémentaire
Fabienne Cattarossi et *Roland Sefcick*